# FRANÇOIS ARAGO

GRANDE IMPRIMERIE, Paris. — J. CUSSET, imprimeur

# FRANÇOIS ARAGO

PAR

W. DE FONVIELLE

PARIS
A LA LIBRAIRIE ILLUSTRÉE
7, RUE DU CROISSANT, 7

# FRANÇOIS ARAGO

## CHAPITRE PREMIER

Sa naissance. — Son village. — Sa famille. — Son éducation. — Ses examens. — Sa vie à l'École Polytechnique. — Son premier travail scientifique. — Son départ pour l'Espagne.

François Arago est né à Estagel, petite ville du Roussillon, célèbre par l'élégance de ses habitations et l'aisance de sa population, dont une grande partie se consacre à l'éducation des charmants insectes qu'a chantés Virgile. Il avait trois frères cadets, qui sont devenus célèbres, chacun dans son genre. Jean Arago se joignit à l'expédition de Mina et contribua à l'affranchissement du Mexique. Santa-Anna, qui lui dut une partie de ses succès, le nomma général. Il mourut à la suite de l'expédition du Texas. Le second, nommé Jacques, passa une notable partie de sa vie à exécuter de longs voyages. Il était attaché à l'expédition de l'*Uranie*, qui se termina par un naufrage aux îles Malouines. Devenu aveugle en 1837, il n'interrompit ni le cours de ses voyages ni l'histoire de ses aventures, qui sont écrites avec un style vif, original, et qui se lisent encore avec plaisir. Il fut vice-président de la Société de navigation aérienne de Dupuis-Delcourt, et en dépit de son infirmité, exécuta plusieurs ascensions aérostatiques. Outre ces récits de voyages, on doit à Jacques Arago des ouvrages charmants, pleins d'humour et d'imagination, parmi lesquels nous citerons : *Comment on dîne partout*, *Comment on dîne à Paris*.

Etienne Arago, publiciste et auteur dramatique aussi fécond que spirituel, prit une part active à la révolution de Juillet, à celle du 24 Février, à l'insurrection du 13 Juin 1849, et à la révolution du 4 Septembre. Il fut successivement directeur des postes sous la République de Février, et maire de Paris sous le gouvernement de la Défense nationale. Il est actuellement directeur du musée du Luxembourg.

Le père de François Arago était licencié en droit ; mais, au lieu de suivre la carrière du barreau, il s'était adonné à la profession agricole, qu'il exerça avec succès jusqu'à son retour à Perpignan qui eut lieu dans les premières années du siècle.

Comme toutes les femmes de son pays, la mère d'Arago était excessivement pieuse, et allait faire ses dévotions à l'ermitage des Martyrs et autres lieux célèbres des environs d'Estagel; mais son père avait adopté les principes révolutionnaires; il était membre de la commission départementale chargée de pourvoir à la défense du pays.

C'est à l'école primaire d'Estagel que le jeune Arago reçut les premiers éléments du savoir, sans montrer des signes d'une aptitude précoce ou de qualités particulières. Cependant sa vive et jeune imagination était tellement surexcitée par les dangers de la patrie qu'on était obligé d'exercer sur lui une vive surveillance, pour éviter qu'il ne désertât la maison paternelle, et ne se joignît aux jeunes gens de la réquisition, qui partaient, en chantant la *Marseillaise*, pour aller joindre l'armée des frontières d'Espagne. Il raconte même qu'à l'âge de sept ans, il faillit être victime de son ardeur. Les troupes espagnoles ayant été mises en déroute par les forces républicaines, à la bataille de Pereis-Tortes, un brigadier et cinq cavaliers arrivèrent sur la place d'Estagel.

Voyant que ces ennemis se plaçaient à sa portée, l'enfant *terrible* courut dans sa maison se saisit d'une lance laissée par un soldat de la levée en masse. Il s'embusqua au coin d'une rue, et, maniant le fer *homicide* avec une dextérité qu'on n'aurait point attendue dans un âge aussi tendre, il parvint à atteindre à la tête le brigadier, qui chevauchait en avant du peloton. Celui-ci n'avait reçu qu'une blessure dont la gravité était proportionnelle à la force de son minuscule assaillant. Mais il ne pouvait laisser impuni un pareil attentat contre sa personne. Il tira donc son grand sabre et allait couper en deux le jeune téméraire, si des paysans armés de fourches ne fussent accouru assez à temps pour sauver le futur secrétaire perpétuel de l'Académie des sciences.

Arago père était allé résider à Perpignan en qualité de trésorier de la Monnaie. Le jeune Arago suivit naturellement ses pas et fut placé en qualité d'externe au collège municipal. Il s'adonnait avec ardeur à ses études littéraires, réservant toute son admiration pour les classiques français, lorsqu'il fit la rencontre de M. Cressac, qui sortait de l'École Polytechnique. Ce jeune officier lui décrivit avec enthousiasme les cours que l'on y suivait, les facilités que l'on y trouvait pour s'ouvrir une brillante carrière en servant la République française. Il ajouta que chaque année le programme des connaissances exigées pour y entrer, était envoyé à toutes les bibliothèques départementales.

Le jeune Arago s'empressa de se procurer ce précieux document, et il pâlit en voyant que la majeure partie du programme n'était point enseignée au collège de Perpignan. Mais il était à l'âge où l'on ne doute de rien. En conséquence, il prit la résolution de se préparer lui-même à un examen si terrible, sans avoir d'autre secours que celui de ces conseillers muets qui se nomment des livres.

Heureusement la fortune, qui a toujours souri à Arago, ne l'abandonna pas dans une tentative qui pouvait passer pour audacieuse.

Il y avait à Estagel un propriétaire qui, tout en cultivant ses terres, lisait la *Mécanique céleste;* ce disciple de Laplace, échoué dans un village, donna au jeune apprenti mathématicien les plus utiles conseils. Malgré ces avis précieux, les grandes difficultés dont les éléments sont hérissés, et qui ressemblent aux chevaux de frise à l'aide desquels on rend inabordables les approches des forteresses, arrêtaient l'esprit sévère d'Arago.

Le hasard vint encore une fois à son aide. En feuilletant un cahier d'algèbre qu'il avait fait venir de Paris, il y lut ces mots adressés par d'Alembert à un jeune homme se trouvant dans une situation semblable à la sienne : « Allez en avant, monsieur, et la foi vous viendra. »

Le conseil fut suivi, la foi vint, et elle vint profonde, inébranlable, précisément parce que le jeune Arago avait négligé de s'arrêter à ces minuties trop encombrantes qui rebutent et dégoûtent plus d'esprits distingués qu'on ne le pense.

Enfin Arago était prêt au combat. Il allait partir pour Montpellier, qui était alors comme aujourd'hui un centre d'examen, lorsque son père reçut la visite de Méchain, délégué de la commission du Mètre, qui lui demandait son appui, sa protection, son assistance. En effet, l'infortuné astronome avait à lutter contre l'ignorance publique et privée, contre les populations affolées qui refusaient de lui laisser dresser ses poteaux, et qui l'eussent lynché s'il avait allumé ses lanternes.

Il fut naturellement question des projets du

jeune Arago. Méchain, dont les débuts avaient été très pénibles, dont la vie studieuse avait été abreuvée de dégoûts de toute nature, essaya vainement de détourner le jeune candidat. Heureusement pour la science et pour la France, François Arago ne se laissa point convaincre.

Jamais, jusqu'à l'arrivée d'Arago, le département des Pyrénées-Orientales n'avait encore fourni de candidats à l'École Polytechnique; cette fois, il en produisait deux.

Celui qui avait été interrogé le premier avait été d'une nullité incontestable et avait excité la risée des étudiants des autres villes, qui (à cet âge on est sans pitié) triomphaient bruyamment de l'échec du téméraire élève d'une ville encore étrangère à ces luttes intellectuelles.

Ce sentiment de mépris pour les candidats du Roussillon avait même été partagé par l'examinateur, qui engagea Arago a renoncer a l'expérience. « Si vous devez répondre comme votre camarade, lui dit brutalement Monge, le jeune, je vous engage à ne pas me faire perdre mon temps. »

Mais Arago ayant persisté avec une assurance respectueuse, force fût à M. Monge de l'interroger.

Dès ses premières réponses, il vit bien à qui il avait affaire, et, passant *d'un extrême à l'autre*, dit Arago dans l'*Histoire de ma Jeunesse*, il lui prodigua pendant un très long examen toutes les marques de sa satisfaction, déclarant qu'il considérait le candidat comme reçu, et que c'était pour sa propre satisfaction qu'il l'interrogeait sur des matières réservées pour l'enseignement de l'École.

L'*Histoire de ma Jeunesse* renferme une série d'anecdotes qui montrent que le jeune Arago apportait à l'École Polytechnique l'esprit d'initiative et d'indépendance qu'on rencontre peu chez les esprits accoutumés à étudier les sciences, trop souvent disposés à accepter comme paroles d'Évangile toutes les assertions de leurs professeurs ; plus d'une fois il fit preuve de l'énergie de ses convictions républicaines dans les manifestations qui eurent lieu à l'École de son temps, et qui montrent que la République française avait germé déjà dans l'élite de la jeunesse studieuse et intelligente. Il est le plus illustre des fondateurs de cette tradition républicaine, qui, en dépit de tous les régimes, s'est perpétuée sans interruption depuis 1794 jusqu'à nos jours.

En 1804, le gouvernement voulut obliger les

élèves à signer une adresse de félicitations à propos de la découverte de la conspiration de Moreau. Mais tous s'y refusèrent en déclarant qu'ils n'avaient pas à se prononcer sur une affaire dont la justice était saisie. Ils ne voulurent pas non plus faire une manifestation en faveur de la création de la Légion d'honneur. Arago fut de ceux qui persistèrent à ne pas signer de leur nom les plates adulations par lesquelles les corps constitués saluaient la création de l'Empire. Lorsqu'il fallut prêter serment au nouveau souverain, formalité humiliante dont seule la République a eu le courage de dispenser les fonctionnaires, Arago fut au nombre de ceux qui, au lieu lieu de dire *je le jure*, se contentèrent de répondre *présent*, espèce d'équivoque que les officiers eurent la pudeur de respecter. Un des élèves (M. Brissot, le fils du conventionnel) ayant refusé le serment, Lacuée, comte de Cessac, qui présidait la cérémonie, voulut faire arrêter le délinquant. Le peloton d'Arago fut désigné et refusa d'obéir. Il aurait été expulsé si Brissot, voulant sauver ses camarades, ne s'était écrié : « Je veux éviter à des élèves la douleur de se déshonorer en portant la main sur moi. Dites-moi, où il faut que je me rende? »

Lors de la seconde année, Arago avait été nommé chef de brigade, ce qui équivaut au grade de major de la seconde promotion.

A sa sortie de l'École Polytechnique, il fut attaché du bureau des Longitudes, et, par une circonstance bizarre, il remplaça, comme secrétaire de l'Observatoire, le propre fils de Méchain, qui avait donné sa démission à la suite de la mort tragique de son père ; ne dirait-on pas que ce savant infortuné avait eu comme un singulier pressentiment d'un avenir pénible pour son amour paternel.

Biot venait d'être nommé membre de l'Institut national à la suite de son ascension aérostatique avec Gay-Lussac, et de sa mission dans le département de la Manche, pour étudier la chute des pierres météoriques de Laigle. Ayant été chargé d'exécuter des expériences relatives à la constitution des gaz, dont l'idée première appartenait à Borda, le nouveau membre de l'Académie des sciences ne crut pouvoir mieux faire que de se faire aider par Arago dont il avait appris à apprécier les qualités d'expérimentateur dans son laboratoire de l'École Polytechnique.

A peine ce premier travail était-il terminé et présenté dans les séances de l'Institut national, qui étaient alors secrètes, que les deux associés eurent l'idée de reprendre les travaux de Méchain ; ils voulaient pousser la mesure de l'arc de méridien de Dunkerque à Barcelone jusqu'à Formentera, en ajoutant à la chaîne des triangles que l'on possédait déjà un triangle supplémentaire dont les dimensions étaient vraiment prodigieuses.

Non seulement les mesures relatives à ce triangle permettaient d'augmenter de 2° la longueur de l'arc observé, mais encore Méchain avait préparé la solution d'un autre problème de géométrie transcendante. En effet, il avait choisi des stations à l'aide desquelles on pouvait mesurer un arc de parallèle de manière à vérifier par une observation directe la valeur de l'applatissement du globe. Quelle gloire n'était-ce pas pour des débuts dans la carrière scientifique que de trouver le nombre qui avait donné naissance à des débats violents pendant tout le XVIIIe siècle, que de couronner, par un coup hardi, l'édifice de la *Mécanique céleste*, ouvrage monumental, auquel, dans leur admiration, les contemporains donnaient le nom de *Code des Lois du Ciel*.

Le gouvernement accepta sans difficulté la proposition qui fut faite. Les deux jeunes astronomes partirent pour rejoindre, de l'autre côté des Pyrénées, une mission espagnole composée de MM. Chaix et Rodriguez.

Ils étaient d'autant plus heureux, plus confiants dans l'avenir, qu'ils savaient avoir déjà obtenu un premier triomphe avant de quitter Paris. Delambre, Delambre lui-même, malgré la gloire solide qu'il s'était acquise, n'avait pas dédaigné de leur disputer l'honneur de compléter lui-même la méridienne. Il avait même employé pour y parvenir des moyens peu dignes d'un savant qui consacre sa vie à l'étude des choses du ciel.

# CHAPITRE II

Son séjour en Espagne. — Son évasion. — Son arrivée à Alger. — Sa captivité. — Son voyage en Kabylie. — Son retour en France. — Sa première lettre de Humboldt. — Sa nomination à l'Académie des Sciences.

Le roi Charles IV, qui régnait encore, était, malgré les cruels embarras de son gouvernement, un ami éclairé des sciences. Son ministre Godoï rendit un décret mettant les opérations de la Commission internationale sous la protection des autorités royales. Un navire de la marine de l'Etat était placé sous les ordres du chef de la mission pour transporter les opérateurs et leurs instruments, et s'acquitter des détails d'une triangulation, dans laquelle ils utilisaient indifféremment les hauts sommets des chaînes de montagne de la côte et ceux des différentes îles du groupe des Baléares. C'était la science moderne qui, dans son expression la plus élevée, la plus sublime, prenait possession de régions pittoresques et fertiles, mais encore agrestes et sauvages, s'installait triomphalement sur la plage où avait débarqué don Jaïme le *conquistador*, quand il avait chassé les Maures de l'archipel.

Biot et Arago n'eurent à lutter que contre les difficultés naturelles dans les premiers mois de leur mission. Mais ces obstacles étaient immenses, car, à cette époque, les signaux de feu n'avaient point une valeur comparable à celle de ceux de nos temps où l'électricité vient donner son appui à nos officiers d'état-major. A ces distances immenses, les *lampes merveilleuses*, que l'on avait précieusement apportées de Paris, avaient une valeur lumineuse comparable à celle d'une petite étoile.

Arago connut dès lors, pour les débuts de sa carrière astronomique, toutes les peines et toutes les difficultés, toutes les souffrances physiques auxquelles les observateurs sont fatalement exposés dans leurs opérations nocturnes. Le vent, le froid, la pluie, l'isolement, le découragement, la faim même, vinrent successivement l'assaillir sur le sommet désert des *Palmiers*. C'est là, suivant l'un de ses plus éloquents biographes, qu'une statue devrait surtout être élevée à sa gloire.

Mais d'autres obstacles ne tardèrent pas à

se présenter lorsque Biot fut parti pour Paris et eût laissé à Arago le commandement des opérations complémentaires.

En effet, l'ambition de l'empereur des Français avait changé les dispositions amicales d'une nation sœur en hostilité furibonde. La violence, la trahison, la duplicité dont Napoléon Ier avait fait preuve dans le but de placer son frère aîné, l'imbécile Joseph, sur le trône d'Espagne avaient amené à Valence des scènes comparables à celles de Palerme lors des Vêpres siciliennes.

Le contre-coup de ces massacres épouvantables devait fatalement se faire sentir à Majorque, qu'habite une population naïve, guerrière et hospitalière, mais impitoyable dans ses fureurs, inexorable dans ses vengeances. L'arrivée du colonel Berthemie, aide de camp de l'empereur des Français, qui venait intimer l'ordre à la flotte espagnole de rallier le port de Toulon, mit le comble à l'effervescence populaire. Le gouverneur de Palma n'imagina d'autre moyen de soustraire le colonel français au sort le plus affreux que de fermer sur lui les portes redoutées du fort Belver.

Arago, qui se trouvait également à la merci des mutins, ne pouvait trouver de salut que dans la fuite. Grâce à son admirable sang-froid, il put arriver à bord du *Mystic*, qui avait été mis à sa disposition, comme nous l'avons vu plus haut, et il donna ordre d'appareiller pour Toulon, mais le capitaine refusa brutalement d'obéir.

Il était perdu, pris en quelque sorte au piège, s'il n'avait eu l'idée, à coup sûr fort originale, de réclamer son incarcération et de se faire écrouer volontairement dans cette terrible bastille. La foule était si excitée que, pendant le trajet, le *prisonnier qui se sauvait en prison*, reçut à la cuisse un coup de poignard, heureusement sans conséquence.

Le capitaine général était un vieux soldat qui voyait avec peine que des assassins déshonorassent l'étendard de Castille. Grâce aux facilités que ce brave officier donna aux captifs, le colonel put frêter un petit bâtiment qui se chargea de les transporter à Alger. C'est dans le pays classique de la piraterie qu'Arago put trouver un refuge assuré contre le poignard de misérables croyant servir la cause de Dieu en versant à flot un sang innocent.

Arago arriva sans encombre dans la cité de Barberousse. Mais à peine les proscrits prenaient-ils terre qu'ils étaient harcelés, menacés, frappés même, par des Espagnols fanatiques, apportant de l'autre côté de la Méditerranée leur haine farouche contre la France.

Arago et le colonel furent sauvés par le consul de France, qui leur procura un passage à bord d'un navire de la Régence, se rendant en France avec des présents du dey, notamment des lions et des singes. Le navire arriva bientôt en vue de Marseille, et Arago croyait être quitte de ses tribulations; mais, quoique l'Espagne fût en paix avec la Régence depuis le payement d'un tribut de 14 millions de francs imposé par les corsaires, un navire de Rosas, qui était armé en course, s'empara du bâtiment portant Arago et sa fortune. Pendant plusieurs mois Arago subit la plus dure des capitivités. Manquant de pain, et menacé d'être passé par les armes comme Espagnol transfuge, il était perdu, si les Arabes qui partageaient sa captivité avaient voulu acheter leur liberté au prix d'un mensonge; mais sa fière nature avait captivé l'admiration de ces demi-barbares, qui lui restèrent fidèles, malgré les menaces les plus terribles. Abandonné par les Anglais, quoiqu'il fût porteur d'un passeport de l'amirauté britannique, il n'avait pour se distraire que l'amitié des lions, avec lesquels il jouait à travers les barreaux de leur cage.

Le dey d'Alger veillait sur ces enfants du désert, et entra dans une grande colère lorsqu'il apprit que le navire qui les portait avait été séquestré; il envoya immédiatement un chebeck de sa marine pour réclamer la restitution de la prise sous peine d'une déclaration de guerre immédiate.

Un orage qui éclata lorsque ce navire était au large dérangea la boussole. Les marins qui le montaient furent épouvantés, et, croyant à un miracle, revinrent à Alger. Sans se laisser fléchir, le dey envoya un second chebeck, qui cette fois ne se trompa pas de route. Craignant d'éprouver de nouveau la puissance des pirates, qui les avaient si récemment obligés à payer rançon, les insurgés espagnols lâchèrent leur proie.

Mais les épreuves d'Arago n'étaient point encore arrivées à leur terme. Une affreuse tempête se déchaîna, et Arago fut heureux de pouvoir se réfugier dans le port de Bougie, où il dut attendre la fin de l'hivernage.

Arago n'était pas d'humeur à rester inactif pendant plusieurs mois dans une petite bourgade arabe. Il résolut de profiter de cette occasion pour visiter les montagnes de la Régence habitée par des populations que les Turcs eux-mêmes n'avaient pu complètement dompter, et dont quelques-unes restèrent entièrement indépendantes jusqu'à la conquête de la Kabylie par le maréchal Randon.

Malgré la résistance du khalifa du bey de Constantine, qui commandait ce port de mer, François Arago et Berthemie se placèrent sous la direction d'un marabout, qui organisa une caravane, et se rendirent à Alger par le mauvais sentier arabe qui longe la rivière de Bougie jusqu'à la petite ville d'Akbou, et suit à peu près le tracé actuel de la voie ferrée d'Alger à Constantine.

Dans ce trajet, que nul Européen n'aurait osé tenter avant les deux intrépides fugitifs, Arago eût péri sans la présence d'esprit avec laquelle il récita la *Fatha*, c'est-à-dire le premier chapitre du Coran, ce qui, dans l'opinion de ces tribus superstitieuses, est considéré comme étant l'équivalent d'une abjuration du christianisme, et d'une conversion à la religion du Prophète.

Pendant qu'Arago éprouvait ainsi la fureur des éléments, et échappait de nouveau à celle des fanatiques, une révolution sanglante éclatait à Alger, et Arago arrivait à la veille d'une autre dont les conséquences pouvaient être encore beaucoup plus terribles. En effet, le dey qui montait sur le trône en foulant en quelque sorte aux pieds les cadavres de deux de ses prédécesseurs, était un ennemi des Français. Le premier acte de ce furieux fut de déclarer que tous ceux qui étaient dans la Régence seraient envoyés au bagne et traités comme l'avait été Cervantes. Grâce au dévouement du consul de Suède, qui fournit une caution en espèces, Arago ne fut astreint qu'à être inscrit sur les registres de cet horrible établissement : son rôle se borna donc à être, pendant quelques mois, forçat honoraire.

Fatigués de l'interruption de tout commerce avec la France, qui était la conséquence de ces violentes atteintes au droit des gens, les négociants indigènes se cotisèrent pour payer la rançon des sujets français, et les renvoyèrent dans leur pays avec une escadre chargée des plus précieuses marchandises de cette région, alors barbare.

La fortune, qui pendant trois années avait cessé de sourire à Arago, commença à lui prodiguer ses faveurs. Le navire sur lequel il était monté échappa miraculeusement aux croisières anglaises, qui s'emparèrent de tous les autres. Le capitaine algérien se déroba par une manœuvre hardie à la frégate déjà chargée de l'amariner, et Arago débarqua à Marseille avec les papiers et les instruments de la mission du Mètre. Il revenait dans sa patrie, comme le Camoëns dans la sienne, rapportant triomphalement sa *Luisiade*.

De même que le poète, l'astronome eut à subir les lenteurs et les désagréments des règlements imposés par la police sanitaire avant de reprendre possession de sa patrie; mais si Marseille s'armait en 1809 contre un retour possible de la peste, ce n'était pas qu'on y fût en proie à un fléau comparable à l'épidémie qui, en 1569, enlevait quotidiennement cinq à six cents victimes sur les bords du Tage.

Les amis d'Arago ne périssaient pas, comme ceux du Portugais, en présence des rivages de la patrie; en effet, jusque dans les murs du lazaret il allait en rencontrer de nouveaux auxquels il ne songeait point encore; il ne retrouvait pas la France en proie à tous les maux, mais s'épanouissant au comble de la grandeur, et l'œil pénétrant du philosophe pouvait seul découvrir les germes de mort rapide que le colosse impérial recélait dans son sein, malgré sa prospérité apparente. Enfin il n'allait pas être réduit, comme le Camoëns, à avoir pour subsistance le pain amer qu'un esclave dévoué irait mendier pour lui. Bien au contraire, la première classe de l'Institut national devait bientôt lui donner une marque flatteuse, inespérée de son estime, en le mettant en réquisition pour figurer dans son sein, à un âge où les jeunes citoyens allaient servir l'État sur les champs de bataille.

Arago, dans l'*Histoire de ma jeunesse*, raconte à ce propos une histoire singulière qui montre avec quelle difficulté les officiers du recrutement lâchaient leur proie à cette époque.

Arago était déjà nommé membre de l'Institut lorsqu'il reçut l'ordre d'aller rejoindre son corps. « J'obéirai, répondit-il aux sergents recruteurs, mais j'irai dans les rangs avec l'uniforme à palmes vertes, qui m'appartient et que vous n'avez pas le droit de me faire retirer pour m'en donner un autre.»

La perspective de voir un membre de l'Institut, le fusil sur l'épaule, au milieu des autres conscrits mit fin à cette tentative.

Avec les idées ultra-égalitaires qui règnent aujourd'hui en matière de recrutement, il est permis de se demander si Arago serait parvenu, de nos jours, à se débarrasser de son service de la manière ingénieuse qui a si bien réussi sous le premier Empire.

Arago, qui ne pouvait deviner l'avenir si prochain s'ouvrant devant lui, fut très vivement désappointé quand il vit qu'il fallait entrer dans une sorte de prison en quittant le navire de la régence.

Arago reçut au lazaret une seule visite, c'était celle de Pons, le portier de l'Observatoire de Marseille, qui regardait dans les lunettes de son maitre pendant que celui-ci dormait, et qui découvrit ainsi près d'une vingtaine de comètes. Ce fut ce brave homme, auquel Arago conserva pendant toute sa vie une vive reconnaissance, qui s'était ému le premier du retour de l'astronome dont l'étoile devait bientôt briller d'un si vif éclat dans le ciel scientifique. A l'étranger, un physicien ami des rois, le célèbre Alexandre de Humbold, eut l'instinct de deviner que l'appui d'un jeune savant débutant d'une façon si brillante pouvait lui être utile. Il s'empressa de lui écrire une lettre dans laquelle il lui offrit l'expression de son enthousiasme et lui demanda une amitié à laquelle il dut la majeure partie de la célébrité qui entoure encore son nom. Arago, qui n'avait aucune raison de songer au vers de Virgile :

Timeo Danaos et dona ferentes,

à une époque où la Prusse ne pouvait éveiller les appréhensions du patriotisme le plus soupçonneux, accepta avec une sincère reconnaissance. Depuis lors le Voltaire de l'astronomie française eut son Frédéric. Humboldt, il faut lui rendre cette justice, resta fidèle à ses promesses. Son amitié pour Arago, qu'il finit bientôt par tutoyer, ne se démentit pas dans les circonstances les plus difficiles. Elle est un de ces souvenirs qui doivent importuner M. de Bismark, malgré les triomphes de l'année terrible.

Le bonheur exceptionnel dont Arago a joui pendant longtemps dans toutes ses entreprises se montra à partir de son retour d'Alger. Il ne l'abandonna que depuis la proclamation de la République, qui semblait devoir le mener au comble de ses désirs patriotiques.

Car à peine Arago avait-il mis le pied sur le sol français que Jérôme de Lalande rendait le dernier soupir.

Biot improvisa la candidature d'Arago à l'Académie des sciences, et Arago dut arriver en toute hâte à Paris pour appuyer les démarches de son ami, qui furent fructueuses, malgré l'opposition inattendue qu'elle trouva chez Laplace, avec qui Arago était dans les meilleurs termes et qui avait été le répétiteur de son fils Camille. Laplace finit par se rendre et donna sa voix à Arago, qui fut nommé, au premier tour de scrutin, à la presque unanimité des suffrages.

Les circonstances de cette élection sont assez singulières pour qu'Arago ait cru devoir les rapporter avec détail. Nous demanderons la permission de l'imiter, et d'en dire quelques mots dans le chapitre suivant.

## CHAPITRE III

Influence d'Arago sur l'Académie. — L'élection de Fourier. — Arago se sépare de Biot. — Il se converti à la théorie des vibrations. — Ses axiomes scientifiques. — La candidature Malus. — Napoléon veut l'emmener en Amérique. — Les deux nominations à la Légion d'honneur.

Laplace, qui croyait que le calcul algébrique peut dispenser des mesures directes qui sont le fruit d'expéditions longues, pénibles et dangereuses, ne pouvait apprécier le mérite des travaux qu'un jeune astronome de vingt-trois ans venait d'exécuter. Il tenait à ce que le siège vacant fût attribué à un analyste de ses élèves, qui n'avait jamais résolu d'autres difficultés que celles que présente l'étude des équations transcendantes. C'est avec peine que les véritables amis des sciences triomphèrent de l'obstination de ce vieillard qui jusqu'alors était le grand électeur de l'Académie des sciences, et dont Arago détruisit la dictature ; car, malgré sa jeunesse et le peu d'éclat de son bagage scientifique, Arago acquit immédiatement sur ses confrères l'influence que ses immenses découvertes ne devaient pas tarder à légitimer, et qu'il devait conserver jusqu'aux dernières années de sa glorieuse carrière.

La plupart de ses choix étaient inspirés par une exacte appréciation du mérite ; c'est ainsi qu'il fit successivement nommer, contre des concurrents ignorés même des contemporains, Malus l'auteur de la *Polarisation de la lumière,* son concurrent Poisson, dont les travaux analytiques sont encore appréciés par les spécialistes, Dulong, l'habile fondateur des recherches sur la *Thermochimie* que M. le sénateur Berthelot a poussées à un tel degré de profondeur, Navier, l'auteur dé traités de mécanique et de mémoires du plus haut intérèt, qui ont précédés les découvertes de Poinsot sur la théorie des couples, Lionville, le directeur du recueil de mathématiques pures qui existe encore de nos jours, Faye, qui est une des gloires de l'astronomie française, Le Verrier, son futur antagoniste, etc., etc.

Quelquefois ces nominations eurent lieu en dépit du gouvernement, qui menaçait ouvertement de disgrâce les académiciens assez audacieux pour voter contre les candidats du ministère.

Ces intrigues officielles arrivèrent à leur paroxysme lorsqu'il fallut nommer un secrétaire perpétuel en remplacement de Delambre, qui mourut le 19 août 1822.

Le candidat désigné par ses travaux, par le rôle honorable qu'il avait joué dans sa carrière politique, était Fourier, ancien secrétaire perpétuel de l'Institut d'Egypte, mais particulièrement désagréable au parti de la Cour. En effet, il avait exercé pendant les Cent-Jours les fonctions de préfet du Rhône, et il n'avait été nommé membre de l'Académie des sciences qu'après avoir vu son élection cassée une première fois par le gouvernement.

Vainement la commission académique chargée de préparée l'élection essaya de tenter Arago en le plaçant sur la liste des candidatures, l'astronome n'écouta que son devoir. Au risque de froisser mortellement son ami Biot, qui lui en garda rancune presque jusqu'à la fin de ses jours, Arago se dévoua avec tant d'ardeur et d'habileté à la candidature Fourier qu'il la fit réussir d'une façon éclatante. Sur 48 votants, Biot ne recueillit que 10 suffrages, les autres voix furent données à l'homme qui avait essayé d'implanter la science française dans la vallée du Nil, à l'ombre de nos drapeaux tricolores.

Pendant que son influence sur l'Académie des sciences se manifestait ainsi, Arago ne négligeait aucune occasion pour l'accroitre et la consolider, en exécutant des travaux mémorables, seuls moyens de la légitimer, de l'affermir et de l'illustrer d'une façon durable. Il consacra son âge mûr à montrer que la fortune n'avait pas été, cette fois, aveugle, lorsqu'elle avait souri à ses premiers débuts dans l'épineuse carrière des sciences.

Nous ne pourrions, sans entrer dans de trop longs détails techniques, donner la nomenclature de tous ses mémoires; il faudrait passer en revue les branches les plus abstraites du savoir humain, quoiqu'il ne se soit point adonné à l'analyse. Nous nous bornerons à mentionner ici, parmi ses découvertes, celles qui ont exercé une influence réelle, tant sur l'ensemble du progrès humanitaire que sur l'évaluation de l'esprit de ses contemporains, ou de la génération suivante.

Nous avons vu qu'avant de partir pour la mesure de la méridienne, Arago avait débuté dans la carrière scientifique par exécuter avec

Biot de longues et difficiles recherches sur le pouvoir réfringent des gaz. Tout dans ce Mémoire, jusqu'à la langue elle-même, supposait que la lumière est composée par des corpuscules matériels voyageant dans les espaces avec une vitesse prodigieuse. En un mot, de même que Biot, son professeur et son guide, dans la première partie de sa carrière, Arago écrivait, observait et pensait en disciple dévoué de la doctrine de l'émission.

Mais, quoique Arago eût des convictions politiques et philosophiques inébranlables, quoiqu'il crût à l'existence d'une Providence divine, source suprême de toute justice, à la nécessité du dévouement, à la Patrie, à la Liberté et aux grands principes de notre Révolution, avec autant de conviction qu'aux axiomes de la géométrie, il était loin d'apporter le même esprit absolu dans l'étude des sciences physiques. Ce n'était pas dans le domaine de l'expérience qu'il *cherchait l'absolu*, et son esprit ingénieux, autant que clairvoyant, était toujours disposé à renoncer à une théorie, quelque séduisante qu'elle parût, lorsqu'elle se trouvait démentie par un fait incontestable. Il était persuadé en quelque sorte de la fragilité de cette science si attrayante, à laquelle il consacrait ses veilles avec tant d'enthousiasme, et qui ne peut posséder l'éclat du verre sans être exposée, comme lui, à se briser sous le moindre choc.

C'est lui qui a prononcé cette immortelle parole, que dans toute recherche scientifique, c'est à l'Inconnu qu'appartient la part du Lion. C'est encore lui qui a déclaré, après d'Alembert, que « si l'Encyclopédie de la science est bien difficile à écrire, celle de l'ignorance aurait une étendue telle qu'une pareille œuvre ne se pourrait jamais tenter ».

En physique, il était franchement opportuniste. Il ne demandait pas mieux que de revenir à la théorie de l'émission, si elle pouvait lui expliquer, comme celle des ondulations, que de la lumière jointe à de la lumière peut donner des ténèbres. Aussi la grande lutte de ces deux théories fut sa préoccupation constante; elle lui inspira une multitude d'essais, lui suscita une infinité d'idées, et l'engagea à encourager une multitude de tentatives. Il s'attacha à la lumière avec tant de passion qu'il finit par user presque jusqu'à la corde la vue perçante que lui avait donnée la nature.

La découverte de Malus sur la polarisation fut pour Arago son chemin de Damas.

Depuis lors Arago, plus clairvoyant que l'auteur de cette admirable expérience, fit comme le fier Sicambre qui, après avoir reçu le baptême, brûla les dieux qu'il avait adorés et adora ceux qu'il avait brûlés. Il se convertit à la doctrine du mouvement de l'éther, au grand déplaisir de Biot, qui resta fidèle à la théorie de l'émission comme à la cause des rois, attaché à Newton et à la maison de Bourbon jusqu'à son dernier soupir.

L'enthousiasme d'Arago pour la découverte de Malus fut immense, et se traduisit par les efforts qu'il fit pour le faire nommer à l'Académie des sciences.

Arago avait promis au vaillant Égyptien de le tenir au courant des résultats du scrutin; mais, par un concours malheureux de circonstances imprévues, le vote eut lieu fort tard. L'heure où la nouvelle aurait dû parvenir était passée depuis longtemps quand Arago put arriver dans la modeste chambre de la rue d'Enfer, où l'une des plus brillantes découvertes des temps modernes avait été faite par hasard. L'illustre physicien croyait à une défaite, et, malgré toutes les consolations que lui prodiguait une épouse dévouée, il s'abandonnait au plus sombre désespoir. Celui qui avait vu la mort de si près à la bataille des Pyramides, à la révolte du Caire, dans les murs de Jaffa, s'était laissé abattre par les péripéties d'une lutte académique! Ce fut la bouche d'Arago qui seule put ranimer le soldat de Sambre-et-Meuse, et mieux en lui annonçant la victoire!

Les membres de l'Institut devaient être présentés à l'empereur lorsqu'il avait confirmé leurs nominations : c'est une habitude qui a été conservée de nos jours vis-à-vis du président de la République ; mais, à cette époque, cette formalité ressemblait à une sorte de revue que le souverain passait des savants et des gens de lettres, le dimanche après la messe.

Arago emporta un souvenir peu flatteur de cette démonstration, dans laquelle il eut l'occasion de voir par lui-même que le caractère des savants n'est pas toujours à la hauteur de leur renommée ou de leur culture intellectuelle.

Le souverain passa dédaigneusement devant le *jeune conscrit réfractaire* sans daigner lui adresser la parole, et se contentant de demander à ses voisins quel était son nom et quel était « celui de la science qu'il cultivait ».

Dès l'année 1809, le conseil de perfectionnement de l'École Polytechnique le désigna pour succéder à Monge dans la chaire d'*analyse appliquée à la géométrie*, c'est-à-dire dans l'enseignement de la science dont l'on peut dire que cet illustre géomètre est le créateur. Arago raconte lui-même qu'il fit tous ses efforts pour se soustraire à un honneur auquel il ne trouvait que le défaut d'être trop flatteur. Mais, malgré les craintes qu'il exprimait modestement à cet égard, il ne fut point écrasé par le souvenir qu'avait laissé son illustre prédécesseur.

Arago était trop bon patriote pour que les événements de 1814 et 1815 le laissassent indifférent ; car ce n'était pas un de ces Archimèdes qui se perdent dans de hautes spéculations scientifiques lorsque l'ennemi envahit leur patrie.

Il était à l'Institut lorsque Carnot écrivit, le 14 janvier 1814, la fameuse lettre dans laquelle il fait adhésion à l'Empire. Les nobles paroles du vieux chef républicain « *Aussi longtemps que le succès a couronné vos entreprises je me suis abstenu d'offrir à Votre Majesté des ser-*

*vices que je n'ai pas cru lui être agréables; aujourd'hui que la fortune met votre constance à une grande épreuve, je ne balance plus à vous faire l'offre des faibles moyens qui me restent* » étaient restées profondément gravées dans sa mémoire.

Appartenant au haut enseignement de l'École Polytechnique, il avait partagé et soutenu le courage dont les élèves firent preuve aux Buttes-Chaumont et à la place Moncey. Il avait également fait son devoir en 1815, et eût participé à une nouvelle défense de Paris, si la réunion chez Barras avait pu avoir des résultats utiles, en présence de la trahison persistante des autorités régulières.

Lorsque, réfugié à bord du *Bellérophon*, voulant prendre place au foyer britannique, et ne sachant pas quelle était la nature de la réception que lui réservait l'hospitalité moins qu'écossaise de ses ennemis, Napoléon songeait encore à se retirer aux États-Unis pour s'y livrer à l'étude des lettres et des sciences, il paraît qu'il eut un instant l'idée de demander à François Arago de s'associer volontairement à son exil. Nous verrons comment 37 années plus tard le neveu de l'empereur se crut obligé de rendre, de son côté, hommage à l'homme célèbre dont, à l'heure de sa chute, son oncle avait apprécié la valeur exceptionnelle, ainsi que le patriotisme.

C'est pendant les Cent-Jours qu'Arago fut nommé, pour *la première fois*, chevalier de la Légion d'honneur. Nous disons pour *la première fois* avec intention; en effet, au retour des Bourbons son nom fut effacé des contrôles comme celui de tous les légionnaires créés par le monarque qu'on affectait d'appeler l'usurpateur.

Mais le gouvernement nouveau ne tarda point à s'apercevoir que, si Arago pouvait se passer de la Légion-d'Honneur, la Légion-d'Honneur ne pouvait se passer de lui. En conséquence, le ministère, se donnant un démenti à lui-même, nomma une seconde fois Arago membre de la Légion-d'Honneur.

Quant à Arago, il n'attacha jamais qu'une très médiocre importance à ces ordres de chevalerie, qu'on a si naturellement appelés les « hochets de la vanité ». En effet, quoiqu'il portât habituellement le ruban de chevalier, il ne daigna jamais le transformer en rosette, lorsqu'il fut fait successivement à des époques ultérieures officier et même, paraît-il, commandeur. S'il ne se déroba pas à ces distinctions, qui vinrent le chercher, malgré lui, il ne daigna pas aller au-devant d'elles, et l'on ne peut dire qu'il ait rien fait pour accélérer l'époque où il devait les recueillir.

Il fut successivement nommé membre de toutes les Académies du monde. Mais la seule à laquelle il attachât un prix réel, après l'Académie des sciences de Paris, fut la Société Royale de Londres.

Il avait du reste en Angleterre des amis à l'estime desquels il tenait infiniment, le physicien Young, qui commença par être son contradicteur, Faraday et surtout lord Brougham, un de ses intimes.

## CHAPITRE IV

Ses principales découvertes scientifiques.— Sa liaison avec Fresnel. — Son amitié pour Ampère. — Invention de l'électro-aimant. — Le magnétisme de rotation.

Les grands travaux scientifiques d'Arago furent exécutés sous la Restauration, avec la collaboration de deux hommes de génie, qui ne partageaient en aucune façon ses opinions politiques, car l'un et l'autre étaient profondément dévoués à la monarchie des Bourbons, et avaient salué les événements de 1814 comme étant une renaissance de la France.

Le premier avec lequel il s'unit par les liens de l'amitié et du travail était un ingénieur des Ponts-et-Chaussées, nommé Fresnel, qui avait abandonné son poste en 1815 pour se joindre à l'armée royaliste, réunie à Bordeaux, sous le commandement du duc d'Angoulême. C'est à l'aide des travaux de Fresnel qu'il commença cette longue lutte contre les Newtoniens, qui le conduisit à l'invention du polariscope, du polarimètre et à l'indication d'un procédé industriel pour étudier la composition des liqueurs sucrées en analysant les qualités de la lumière qui les traverse.

C'est à sa liaison avec l'auteur des lentilles encore employées de nos jours pour l'éclairage des phares, qu'il faut rapporter l'origine de la *saccharimétrie optique,* et indirectement celle des travaux cristallographiques de M. Pasteur. Mais, malgré la victoire que l'autorité et les expériences d'Arago assurèrent à la théorie des ondulations, Arago ne perdit pas de vue la nécessité de multiplier les démonstrations des principes sur lesquels reposent les bases des théories physiques à la mode. Jusque dans les derniers temps de sa vie il se préoccupa des moyens de mesurer directement la vitesse de la lumière dans les milieux diaphanes, afin de voir si elle était plus grande ou plus petite que dans l'air.

Cette amitié précieuse à la science de l'optique fut déterminée par la publication d'un mémoire sur la teinte des lames colorées, dont Arago était seul l'auteur, et dont l'apparition fut retardée par cette invasion que, dans son fanatisme royaliste, Fresnel trouvait si heureuse. En effet, le volume des *Mémoires d'Arcueil,* où il devait paraître, n'était pas encore en distribution lorsque les Cosaques, entrant dans l'atelier où on l'imprimait, brûlèrent à la fois les bonnes feuilles, les bons à tirer, et le manuscrit de l'auteur. Arago dut recommencer complètement son travail.

Même dans le cas où la théorie de la lumière serait abandonnée ultérieurement pour quelque conception nouvelle, la valeur des expériences d'Arago ne serait pas diminuée par l'interprétation qu'en donneraient les physiciens des siècles futurs.

Aussi, se défiant de lui-même, Arago se refusa-t-il à suivre son ami dans les conclusions ultimes de son travail et de souscrire à la théorie que les contemporains considèrent encore comme inattaquables. Cette sage réserve, qui lui défendait d'accepter l'hypothèse des plans de vibration, dont tant de professeurs ont fait leurs régals *peu chers*, arrache à M. Jamin, dans l'éloge public qu'il a fait d'Arago devant l'Académie des sciences, en 1883, des exclamations d'une surprise aussi vive que peu facile à concevoir.

Le second de ses collaborateurs fut Ampère, le mathématicien qui, ayant perdu sur la guillotine son père, supplicié à la suite de la grande insurrection lyonnaise, et vivant sous l'impression des scènes tragiques qui avaient épouvanté son enfance, voyait plus dans la Restauration la fin de la période révolutionnaire que l'humiliation ou la mutilation de la France.

Cette précieuse collaboration, comme celle de Fresnel, fut due à la Fortune, à laquelle les Romains auraient certainement offert un sacrifice.

Arago faisait un voyage en Italie, lorsqu'il apprit par de la Rive qu'Œstedt avait découvert une action entre l'aiguille de boussole et les courants voltaïques. Il en tira immédiatement la conclusion, qu'en faisant passer un courant électrique dans un fil de cuivre on le changeait en aimant. Il montra cette merveilleuse expérience à ses hôtes, et leur prouva de plus qu'en plaçant un fil ainsi parcouru sur un morceau de fer, on l'aimantait d'une façon notable.

De retour à Paris, il montra son expérience à Ampère, qui venait de son côté de trouver le moyen de créer des aimants artificiels en roulant en spirale un fil conjonctif.

Pour constituer l'électro-aimant, c'est-à-dire l'appareil qui est l'organe de la physique moderne, en attendant peut-être le moment où il deviendra celui de la mécanique, il suffisait dorénavant d'introduire un morceau de fer dans l'intérieur de la spirale creuse.

Tout cela est raconté dans les *Annales de Physique et de Chimie* avec les plus grands détails. Arago semble plus empressé d'affirmer les droits d'Ampère que d'établir ceux qui lui reviennent dans cette invention merveilleuse. Cette modestie et cette réserve sont d'autant plus louables que l'importance extrême de la découverte était admise par tous, quoique personne ne put alors mesurer la portée de la révolution scientifique dont l'électro-aimant est le principal organe, et dont les conséquences dernières échappent peut-être encore aux savants contemporains.

Quoiqu'il vécut plus de trente années après le jour où cette découverte fut communiquée à l'Académie des sciences, Arago lui-même ne pût se faire une idée exacte de l'étonnante transformation dont nous sommes témoins dans les habitudes politiques et sociales. Ses divers panégyristes sont, malgré tous leurs efforts, restés au-dessous de ce qu'ils avaient à dire. Nous préférons, au lieu de lutter avec eux à cet égard, nous en rapporter exclusivement à l'éloquence des faits, qui, de siècle en siècle, d'année en année, célébreront la gloire des inventeurs de l'électro-aimant d'une façon de plus en plus éclatante.

La troisième découverte de cette période, celle-ci due exclusivement à Arago, possède une importance peut-être encore plus grande, car on peut dire qu'elle est à peine soupçonnée de nos jours, et qu'il n'y a peut-être pas encore paru sur la terre un seul physicien, ou un seul astronome, qui ait osé suivre d'un regard ferme et assuré ses lointaines applications dans la mécanique céleste, disons mieux, dans la manière dont le Créateur des mondes a organisé ses soleils.

Cette grande découverte fut le fait d'un de ces hasards que tous les chercheurs rencontrent, sans doute, mais dont les hommes doués d'un génie véritablement supérieur savent seuls tirer parti.

Arago allait à Greenvich et tenait à la main une boussole construite avec le plus grand soin. Avant de partir pour l'Angleterre, il avait vérifié la sensibilité de l'instrument que lui avait remis l'artiste qui se nommait Gambey. Le pivot était intact, la chappe en agate n'avait point été abîmée. L'aiguille avait conservé son magnétisme intégral; cependant elle était devenue soudainement paresseuse.

En arrivant à l'Observatoire, Arago tira l'aiguille de la boîte de cuivre dans laquelle elle était renfermée, et l'aiguille reprit immédiatement son agilité première.

Arago était trop bon expérimentateur pour ne pas comprendre la cause de cet effet singulier, étrange, paradoxal.

C'était la présence de la boîte qui agissait sur l'aiguille et la forçait à rentrer rapidement dans le repos, lorsqu'on l'en tirait par un effort quelconque. Immédiatement, par un effort de génie, qui ne peut être dépassé dans l'histoire future des sciences, et qui a été bien rarement égalé dans le passé, Arago en tira la conclusion que, si on mettait la plaque de cuivre en rotation continue, elle entraînerait l'aiguille dans son mouvement. Arago fit immédiatement construire un appareil qui démontrait ce fait capital.

L'existence de l'*induction* se trouvait établie d'une façon éblouissante; cependant les contemporains ne comprirent pas que les phénomènes de Faraday n'en étaient qu'un corollaire.

Quand Faraday publia ces expériences, aucune voix ne s'éleva pour déclarer qu'elles n'étaient que la répétition, sous une forme différente, d'un fait déjà signalé par Arago. Faut-il s'en étonner, s'en indigner, puisqu'on n'en saisit pas aujourd'hui toute l'importance. Bien rares en effet sont ceux qui savent que les forces attractives ou répulsives qui, sortant du disque d'Arago, vont agir sur les pôles de l'aimant montrent qu'il est possible de concevoir que les attractions planétaires sont produites par les révolutions des astres autour du soleil ; de sorte que cette puissance mystérieuse que l'on introduit dans les théories astronomiques comme une puissance occulte, et qui régularise le mouvement, semble produite, entretenue par le mouvement lui-même. Que de gens on surprendrait si on leur disait qu'Arago a montré que le magnétisme est bien la chaîne d'or dont parlent les poètes et qui, suivant certains génies de l'antiquité, rattache le ciel et la terre.

## CHAPITRE V

L'Institut sous la Restauration. — La question des paratonnerres. — La notice sur le tonnerre. — La Lune. — Récits et anecdotes d'Arago sur Laplace. — La Météorologie moderne. — Transformation de l'Annuaire du Bureau des longitudes. — Comment il dirigeait l'Observatoire. — Son astronomie populaire.

Dans les sciences comme pour les arts et la littérature, la Restauration fut une période d'expansion et de gloire pour la France. On aurait dit que le génie français tenait à montrer sa flexibilité, en même temps que sa puissance, à prendre sur un terrain nouveau la revanche de Waterloo, malgré les malheurs de la patrie et les entraves de tout genre que la superstition et l'ignorance mettaient au progrès de toute nature.

De l'Institut mutilé et réduit à une série d'académies isolées, sans aucun lien les unes avec les autres, l'Académie des sciences était le plus puissant élément de résistance à l'obscurantisme et à l'arbitraire ministériel.

Les hommes qui ne craignaient point de

heurter le sentiment national devenaient timides et presque dociles lorsqu'il s'agissait de se mesurer avec les hommes qui tenaient en main cet instrument redoutable, qui est tantôt le flambeau lorsqu'il s'agit d'éclairer le monde, tantôt la torche lorsqu'il est nécessaire d'appeler aux armes un peuple réduit en esclavage.

On peut dire qu'Arago, par ses travaux scientifiques aussi bien que par son éloquence personnelle, par ses allures hardies, s'est trouvé mêlé à ce mouvement de progrès et de résistance.

Une question, en apparence inoffensive, faillit faire éclater de dangereuses foudres dans le ciel administratif : c'est celle des paratonnerres.

Il y eut pendant la durée de l'été de 1825 un grand nombre d'orages, pendant lesquels on remarqua qu'une multitude d'églises avaient été foudroyées et, qui plus est, frappées par la foudre pendant que l'on sonnait à tour de bras les cloches, qui, suivant les prières du rituel, ont le privilège d'écarter le feu du ciel. Le ministre qui était alors aux affaires luttait contre la Congrégation, qui, sous prétexte d'avoir *la vraie royauté suivant le droit divin*, allait conduire le monarque à Holy-Rood et la monarchie aux abimes. Sans s'arrêter à la crainte de commettre un sacrilège en scrutant les caprices fulgurants de l'Éternel, le ministre demanda à l'Académie des sciences de rédiger un rapport sur les moyens de perfectionner les paratonnerres.

Arago fit naturellement partie de cette commission.

Mais quelque activité que la commission eût mise à faire son enquête, la commission ne put devancer les caprices de la politique. Quand le rapport fut déposé, le ministère libéral avait disparu devant les efforts d'une coalition formée de la gauche et de l'extrême droite. Les amis de la Congrégation étaient aux affaires.

Il fallait un véritable courage civique pour articuler les vérités les plus simples, et qui aujourd'hui sont acceptées par les personnes les plus pieuses. A certain jour, c'était proférer des énormités anticatholiques et même antichrétiennes, que de soutenir que l'on devait relier les croix, ce symbole de la rédemption de l'humanité, au système protecteur, et que l'on devait interdire aux sacristains de chercher à écarter la foudre en faisant retentir les airs des accents désespérés de l'airain sacré.

Ce rapport, mémorable à tant d'égards, et qui a servi de base à toutes les instructions ultérieures, a donné naissance à la *Notice sur le tonnerre*, qu'Arago publia dans l'*Annuaire du Bureau des longitudes*, à une époque où l'on eut la liberté d'être physicien, sans blesser les susceptibilités religieuses.

Il faut nous hâter de dire, à ce propos, qu'Arago n'appartenait point à l'école de ces savants qui croient que le seul usage que l'on puisse faire de la liberté de penser est d'adopter, sans y changer un *iota*, leur opinion en toute chose, et dont l'orgueil s'imagine qu'ils ont découvert le secret de l'univers.

On ne peut pas reprocher à Arago d'avoir fait de la théologie sous prétexte d'astronomie, mais il est facile de voir, en lisant ses ouvrages, qu'il avait l'esprit beaucoup trop philosophique pour croire que l'on pût se passer de l'hypothèse « de Dieu » dans une étude raisonnée sur l'origine des choses. Le probabilisme de Laplace ne donnait aucune satisfaction à son esprit sévère. Il ne craint pas de le tourner en ridicule dans différents passages, notamment dans l'anecdote suivante :

Lorsqu'il s'agit de choisir entre Biot, candidat du gouvernement, et Fourier pour remplacer Delambre, Arago s'adressa à Laplace pour recueillir sa voix. Celui-ci, qui était très bien en cour, et qui venait d'être nommé marquis, ne voulut pas faire une réponse qui pût le compromettre :

« Je vais, dit-il, écrire sur un billet le nom de Fourier, et sur un autre celui de Biot ; je les mêlerai et j'en mettrai un dans l'urne sans le lire. Je détruirai l'autre ; de sorte que, moi-même, je ne saurai pas pour qui j'ai voté. »

Laplace fit ce qu'il avait dit ; mais Arago, qui savait que l'auteur de la *Mécanique céleste* ne brillait pas par la franchise, l'observait avec curiosité et s'aperçut qu'il écrivait le nom de Fourier sur les deux bulletins. « Laplace, dit-il avec une ironie dédaigneuse, n'a pas eu besoin, cette fois, du calcul des probabilités pour savoir quel vote il avait émis. »

Une autre aventure de Laplace fournit à Arago l'occasion de faire une découverte des plus intéressantes et de s'occuper d'une question que les astronomes dédaignent généralement : *De l'action de la Lune sur les phénomènes du temps.*

Louis XVIII se servait de ces personnages

politiques que l'on nommait les girouettes, et qui, comme le marquis de Laplace, avaient tourné à tous les vents. Comme le monarque était un homme d'esprit, il ne dédaignait pas de les mystifier ou de les embarrasser toutes les fois qu'il en trouvait l'occasion.

Un certain jour que le marquis était auprès de Sa Majesté : « Marquis, lui dit le roi, savez-vous ce qu'est la lune rousse ? »

Le marquis, qui était fort timide et n'avait jamais entendu parler qu'il y eût une lune rousse, rougit jusqu'aux oreilles et balbutia quelques excuses dont le roi s'amusa beaucoup.

Une fois sorti de l'audience, le marquis, décontenancé, alla raconter à Arago sa mésaventure. Arago n'en savait pas plus long, mais se doutant qu'il s'agissait de quelque affaire agricole, il alla consulter le jardinier du Luxembourg, qui lui apprit qu'on nommait ainsi la lune qui commence en avril et qui finit en mai. Cet homme ajouta qu'on lui donne ce nom par ce qu'elle fait rougir les bourgeons des plantes qu'atteignent ses rayons.

Guidé par ses renseignements Arago commença une série d'études dans lesquelles il montra beaucoup de sagacité. Il prouva que cette coloration ne tient pas à un pouvoir spécifique particulier à cette lune, mais à l'action du refroidissement nocturne, c'est-à-dire du rayonnement vers les espaces célestes.

Il prit pied de cette constatation pour déclarer que les dictions populaires peuvent avoir un fond de vérité, et il imita Virgile, qui alla fouiller dans le fumier d'Ennius. Il est vrai qu'il ne trouva pas beaucoup de perles dans ces dictons météorologiques; mais les observations sur lesquelles il s'est basé, et qui étaient les seules que l'on connût de son temps, ne possédaient point en réalité une valeur suffisante pour découvrir les lois réelles qui lient l'état du temps aux configurations astrales.

De nos jours, malgré l'existence du magnifique réseau télégraphique, qui permet de devancer la vitesse des vents les plus violents et qui met en communication instantanée les régions les plus éloignées du globe, nous ne sommes pas beaucoup plus avancés que du temps d'Arago sur la connaissance du temps futur. Les prédictions des bureaux météorologiques qui se sont formés dans tous les pays se distinguent par leurs incertitudes bien plus qu'elles ne brillent par leur netteté, et elles excitent beaucoup plus l'hilarité des gens de mer et des paysans qu'elles ne méritent leur confiance.

Quels que soient les résultats que l'on pourra atteindre un jour, en joignant à des observations rationnelles l'usage d'aérostats, construits de manière à porter la science dans les régions supérieures de l'atmosphère, les difficultés innombrables que l'on éprouve à obtenir des résultats sérieux empêcheront de reprocher jamais à Arago le scepticisme dont il a fait preuve à cet égard. Les météorologistes, même lorsqu'ils seront parvenus à constituer leur science, n'oublieront jamais le service rendu par cet illustre astronome en s'occupant de questions que tant de gens confondaient encore avec celles dont s'occupaient jadis les adeptes de l'astrologie judiciaire. Ils lui pardonneront le mépris avec lequel il traite la multitude de personnes qui chaque année écrivaient à l'Observatoire, ou venaient voir son directeur pour savoir si l'été serait chaud, si l'hiver serait froid, s'il y aurait des inondations dans la saison pluvieuse.

Lorsqu'il fut présenté, comme nous l'avons raconté plus haut, à Napoléon I^er^, Arago se plaint de la manière grossière dont le souverain reçut Lamarck, célèbre naturaliste, entiché du pouvoir de la Lune et des doctrines de Toaldo, qui jouait alors les Mathieu de la Drôme. Malgré son éloignement pour des doctrines qui n'avaient alors aucune consistance scientifique, il ne pouvait souffrir qu'on taxât de simples charlatans tous ceux qui cherchaient à pénétrer les mystères des caprices du vieil Éole.

Frappé du changement que la barbarie de certaines populations a produit dans le pays qu'elles habitent, Arago ne désespérait même pas de voir l'homme armé du pouvoir de modifier jusqu'aux climats. Sans se laisser entraîner dans les rêveries des utopistes de son temps, qui croyaient à la possibilité de faire fondre les glaces du pôle, ou de redresser l'axe du monde, il se demandait si l'on ne pouvait pas employer les aérostats captifs, pourvus d'une pointe de fer, à prévenir les orages, et s'il n'était pas possible de provoquer les pluies, pendant la saison sèche, en ébranlant l'air avec des décharges d'artillerie, si l'on n'arriverait pas à se protéger contre le rayonnement nocturne en obscurcissant l'air avec des matières fuligineuses. Son esprit audacieux allait même jusqu'à demander si, de la sorte, on ne construirait pas de gigantesques paragrêles.

C'est pendant la Restauration qu'Arago prit l'habitude d'ajouter à l'*Annuaire du bureau des longitudes des notices scientifiques* qui traitaient d'une façon sérieuse des sujets d'une grande importance. La collection de ces ouvrages, composant plusieurs volumes in-18, a largement contribué à étendre la réputation d'Arago dans toutes les classes de la population. En effet, cette publication renferme un nombre considérable de renseignements indispensables, et se trouve forcément dans les mains d'une multitude de personnes qui ne s'occupent de sciences que d'une façon tout à fait accessoire.

On peut dire que depuis 1824 jusqu'en 1853 Arago a, de cette manière, initié les gens du monde à toutes les grandes questions qui ont occupé les savants de profession, et indiqué chaque année des points de vue auxquels les physiciens par diplômes ne prêtaient pas une attention suffisante.

Quoique la Restauration se soit attachée, dans une multitude de circonstances, à rétablir l'ancien ordre de choses, elle avait laissé les rapports de l'Observatoire et du Bureau des longitudes tels qu'ils avaient été établis pendant la période révolutionnaire.

C'était le Bureau des longitudes qui avait la haute main sur l'établissement dont la mission essentielle était d'exécuter les observations nécessaires au calcul des éphémérides, et où l'on pouvait, par surcroît, exécuter toute espèce d'études célestes. Tout s'y faisait sous la surveillance du membre délégué par le Bureau, pour régler l'exécution de cette tâche scientifique essentielle ; ce membre, auquel on donnait le nom de directeur de l'Observatoire, était nommé d'année en année par le Bureau des longitudes, de la même manière que l'est encore son président.

Cette république astronomique, qui se recrutait presque comme l'Académie des sciences, eut l'heureuse idée de charger Arago de faire un cours d'astronomie populaire. La première leçon eut lieu le 3 février 1813. Depuis cette époque mémorable dans l'histoire du professorat français, Arago a recommencé dix-huit fois son cours sans jamais lasser le public, qui se montrait de plus en plus empressé à l'écouter.

Afin de répondre à la faveur croissante dont cet enseignement exceptionnel était l'objet, le gouvernement de Louis-Philippe fut obligé de construire un amphithéâtre. L'architecte s'aquitta de sa mission avec un luxe peu en harmonie avec les habitudes parcimonieuses de l'époque, et qu'Arago lui-même trouva excessif.

Malgré ses vastes proportions, l'amphithéâtre d'Arago menaçait de devenir trop étroit, lorsque les événements politiques en firent suspendre l'usage.

C'était dans sa chaire d'astronomie que l'éloquence d'Arago brillait de tout son éclat.

Il avait, pour se mettre en rapport avec son auditoire, une méthode particulière.

Chaque fois qu'il commençait sa leçon, il passait en revue son auditoire ; il avisait un auditeur dont la physionomie lui annonçait une intelligence peu développée. « C'est à lui, disait-il, que je m'adresse, et je recommence mes démonstrations jusqu'à ce que je me sois assuré qu'il m'a parfaitement compris ; alors seulement je passe à une autre partie de mon programme. »

Arago venait de raconter cette anecdote dans un salon, lorsqu'un des amis du maître de la maison, entrant brusquement dans le salon, demanda à lui être présenté. « Je ne suis pas connu de vous, dit naïvement cet étourneau, mais je suis un des auditeurs de votre cours, et vous me regardez si souvent que je pense que ma figure ne doit pas vous être tout à fait étrangère. »

Il est inutile de chercher à décrire le fou rire qui accueillit une déclaration aussi naïve qu'intempestive.

A plusieurs reprises, des ignorants qui avaient suivi les leçons d'Arago se mirent en tête de recueillir ce qu'elles avaient entendu et de le rapporter à leur manière. Ces tentatives blessèrent vivement Arago, qui poussait extrêmement loin le respect du public, et rédigeait toutes les parties de ses œuvres avec un soin extrême.

Quand il avait amené son texte à un point de perfection qui lui semblait suffisant, il faisait tirer un certain nombre d'épreuves qu'il distribuait aux différentes personnes de son intimité, en les priant de noter avec soin toutes les fautes qu'elles pouvaient y reconnaître.

Lorsqu'on lui faisait des observations sur tel ou tel passage, il ne se rendait pas sur-le-champ, mais après avoir soutenu son opinion avec sa vivacité ordinaire.

L'ouvrage connu sous le nom d'*Astronomie populaire* a été constitué en partie de passages dictés par Arago, à partir du moment où il a senti le besoin de compléter ses œuvres, et en partie de *Notices* publiées séparément. La mort n'a pas donné à l'illustre auteur le temps d'imprimer à l'œuvre qu'il chérissait le plus, sa forme définitive.

L'amphithéâtre dans lequel Arago a donné ses leçons a été lui-même détruit sous l'Empire. C'est dans l'aile qu'il remplissait, et qui fait pendant à la salle Méridienne, ajoutée par Arago à l'Observatoire des Cassini, que Le Verrier a établi ses appartements.

Depuis lors, l'enseignement populaire de l'astronomie n'a point été repris ; il reste à l'état de glorieux souvenir.

Cette proscription doit-elle être éternelle? N'a-t-elle point assez durée, depuis 1853 jusqu'à nos jours?

## CHAPITRE VI

Arago secrétaire perpétuel. — Lecture de l'éloge de Fresnel. — Sa visite chez le duc de Raguse. — Sa nomination à la Chambre. — Sa visite chez Louis Philippe.

C'est à la mort de Fourier, qui survint le 16 mai 1830, qu'Arago fut nommé secrétaire perpétuel de l'Académie des sciences, fonctions auxquelles il était destiné par ses aptitudes naturelles, aussi bien que par l'ascendant légitime qu'il avait su prendre sur la Compagnie.

Il ne les accepta pas sans répugnance, non qu'il se défiât de ses forces, mais parce qu'il ne croyait pas qu'un savant ait le droit de garder plus de places qu'il n'en pouvait réellement remplir. En le prenant pour son secrétaire, l'Académie le forçait de renoncer à sa chaire d'analyse, à laquelle il tenait beaucoup, à cause de l'affection extrême qu'il avait pour l'École Polytechnique.

Lorsqu'il fut nommé, aucune considération

ne put le détourner de ce sacrifice, qui fut pour lui très pénible.

Son élection eut lieu le 16 juin, et il fut convenu que le nouveau secrétaire perpétuel ferait ses débuts sans la séance publique et solennelle du 26 juillet 1830. Arago choisit l'éloge de Fresnel.

Quoique légitimiste et ancien soldat de l'armée royaliste du duc d'Angoulème, le défunt était un de ces esprits aimables que toutes les exagérations révoltent. Arago avait saisi cette occasion pour faire une critique, qui, quoique voilée, n'en était que plus mordante, des ministres enragés dont la folle obstination allait allumer la guerre civile dans les rues de la capitale.

Cette séance avait lieu précisément le 26 juillet, jour de la publication des fameuses Ordonnances. Ses allusions, qui n'étaient que des traits spirituels lorsqu'il les avait soumis à la commission académique, pouvaient être considérés comme des crimes d'Etat par un pouvoir dictatorial du moment que le sang coulait dans les rues par sa faute.

Craignant que son courage ne compromît la position de vieillards qui, pour la plupart, n'avaient d'autres moyens de subsistance que les pensions qu'ils touchaient de la Cour, Arago prit la résolution de faire à lui tout seul la manifestation de l'Académie des sciences. Il annonça à ses collègues sa résolution par les lignes suivantes, qui devaient être substituées à l'éloge :

« Messieurs, si vous avez lu le *Moniteur*, vos pensées doivent sans doute être empreintes d'une profonde tristesse, et vous ne devez pas être étonnés que moi-même je n'aie pas assez de tranquillité d'esprit pour vouloir prendre part à cette cérémonie. »

Mais à peine cette résolution était-elle communiquée que les objections s'élevèrent de toutes parts. « Si vous exécutez votre projet, lui disait-on, l'Institut sera supprimé... Avez-vous le droit, vous qui êtes le plus jeune membre de cette assemblée, de provoquer une semblable catastrophe.»

Ces observations étaient présentées avec force par Cuvier, collègue d'Arago, comme secrétaire perpétuel pour les sciences naturelles, et qui était dévoué au ministère, quelque fût sa couleur.

Arago, ayant compris qu'il ne pouvait compromettre ainsi ses collègues, se décida à donner lecture de l'éloge préparé, mais Cuvier revint alors à la charge, voulant faire effacer les passages dans lesquels Arago vantait la tolérance, et parlait de la nécessité de respecter la Charte.

Cuvier ne prétendait rien moins que d'éliminer tous les morceaux qui, la veille, avaient échappé à sa censure.

Villemain, qui, tout autant qu'Arago, se trouvait engagé dans le mouvement révolutionnaire, intervint dans le débat, et déclara qu'on voulait faire commettre une lâcheté au secrétaire perpétuel de l'Académie des sciences. Il en résulta une scène violente ; Arago tint bon, et donna sa lecture au milieu d'une foule émue, sympathique, enthousiaste, et qui souligna tous les passages séditieux par des applaudissements frénétiques. Le succès oratoire fut un des plus grands qu'Arago obtint dans toute sa carrière.

Comme le 26, dans la journée, l'insurrection n'avait pas encore pris de proportions dangereuses, le duc de Raguse, commandant général des troupes du roi, avait eu le loisir d'assister à la séance de l'Académie des sciences. Lorsqu'Arago, avec lequel il était lié, quitta la tribune, le duc s'approcha de l'orateur et lui dit bas à l'oreille : « Dieu veuille que demain je n'aille pas chercher de vos nouvelles à Vincennes. »

Mais la bonne fortune d'Arago lui épargna cette épreuve, qui lui aurait rappelé d'une façon peu agréable le bagne d'Alger et les cachots du fort Belver. Le lendemain, les troupes royales, vigoureusement pressées par les insurgés, au premier rang desquels se distinguait Etienne Arago, avaient une tâche plus sérieuse à accomplir que d'aller chercher le directeur de l'Observatoire pour le conduire à Vincennes.

Ce fut au contraire Arago qui alla trouver le duc au milieu de son état-major.

Lorsque la bataille fut engagée sur tous les points de la capitale, le comité insurrectionnel eut un instant l'idée d'obtenir une suspension d'armes. Comme l'on connaissait les bons rapports qui existaient entre Arago et le duc, on résolut de les utiliser. Arago fut expédié en ambassadeur; il prit avec lui son fils aîné, Emmanuel, aujourd'hui sénateur inamovible, « afin de bien montrer, disait-il, qu'il ne commettrait aucune défaillance, car jamais, devant son fils, un père ne consentirait à se montrer lâche. »

L'entrevue, qui eut lieu à l'état-major de la

place Vendôme pendant que le canon grondait, fut très vive. Le duc de Raguse paraissait consterné. Il maudissait les Ordonnances. Mais, trouvant sans doute qu'il y avait déjà trop de vacillations dans sa conduite politique, il se considérait comme enchaîné par son devoir militaire. Il refusa d'abandonner le roi, déclarant qu'il défendrait le trône jusqu'à la dernière extrémité.

Arago, le trouvant inébranlable, eut le courage de lui rapporter les propos qu'il avait entendus en traversant les barricades. Comme on savait le maréchal dans une mauvaise situation financière : « Voilà Marmont qui paye ses dettes », disaient les insurgés en entendant la mitraille.

Marmont, ainsi piqué au vif, mit la main sur la garde de son épée..... mais le combat continua plus acharné que jamais. On en connait l'issue funeste... pour la monarchie.

Par lui-même et par son frère, Arago avait rendu trop de services au parti de la Révolution pour qu'on ne songeât pas à lui lors des élections générales, qui eurent lieu presque immédiatement après la proclamation du nouveau trône.

Il fut, pour ainsi dire d'acclamation, nommé

député des Pyrénées-Orientales avec une majorité formidable. Dès son entrée à la Chambre il fut considéré comme une des notabilités du parti républicain, quoiqu'il s'abstint en général de parler sur les questions politiques, n'abordant la tribune nationale que dans les questions où il était d'une compétence incontestable, et dans lesquelles son intervention pouvait être considérée comme nécessaire et indispensable.

Quoique républicain par conviction et par tempérament, Arago aurait accepté une dynastie nationale et un trône qui aurait essayé de « donner à la France la meilleure des Républiques », mais il ne tarda pas à pénétrer les projets secrets du roi, se rangea dans les rangs de l'opposition et signa le compte rendu qu'elle adressa *aux Electeurs*.

La voie antidémocratique dans laquelle marchait le pouvoir amena une explosion terribie lors des funérailles du général Lamarque. Les membres de l'opposition, réunis chez Laffitte, résolurent d'envoyer au roi une députation. Elle fut composée de MM. Arago, Laffitte et Odilon Barrot.

La visite eut encore lieu au moment où le sang coulait dans les rues de la capitale.

Trois heures sonnaient lorsqu'une calèche, dans laquelle se trouvaient les trois députés, entra dans la cour des Tuileries. Un inconnu, s'étant alors élancé à la tête des chevaux, s'écria en saisissant la bride : « Prenez garde, messieurs, Guizot sort de l'appartement du roi; vos jours ne sont pas en sûreté. » Sans prêter attention à cet avis qui pouvait n'avoir été donné que dans le but de les déconcerter, les trois commissaires continuèrent leur route. M. Laffitte, qui connaissait à fond l'astucieux monarque, se retourna vers ses collègues au moment où ils allaient franchir le seuil du cabinet royal : « Tenons-nous bien, dit-il, IL va essayer de nous faire rire. »

Admis près du roi, les députés résumèrent de vive voix les graves griefs qui étaient exposés tout au long dans l'adresse et firent un vigoureux réquisitoire contre le cabinet du 13 mars. Le roi, qui sentait bien que la victoire lui appartenait, se montra plus ferme que Laffitte ne le supposait. Il déclara que, si le sang coulait, la faute en était aux factieux, et qu'ils seraient châtiés suivant la rigueur des lois en vigueur. Il se plaignit amèrement des calomnies que l'on répandait sur son compte, et qui légitimaient l'emploi des moyens de répression dont il faisait usage. Il déclara que le *Compte rendu* n'était qu'un tissu de griefs imaginaires, qu'il était blessé de l'accusation d'avarice portée contre lui. Comme on entendait un bruit inaccoutumé : « Rassurez-vous, messieurs, dit le roi, ce n'est que du canon qu'on fait avancer pour prendre la barricade sans perdre trop de monde. » Puis, jouant à l'héroïsme, il dit : « Je me suis toujours rappelé le mot de Kersaint. Charles I^er^ eut la tête tranchée, et l'Angleterre vit son fils remonter sur le trône. Jacques II ne fut que banni, et sa race s'est éteinte sur le continent. »

Le roi, en ce moment, ne croyait pas être si bon prophète. Il dut sans doute penser au mot de Kersaint lorsqu'il prit, seize ans plus tard, le fiacre de la place de la Concorde, et ne répondit rien, suivant la légende, au cocher qui lui demanda « s'il le prenait à l'heure ou à la course. »

## CHAPITRE VII

Arago fait décider la publicité des séances de l'Académie. — Création des *Comptes rendus*. — La presse scientifique soutenue par Arago. — Les opinions sur l'unité de l'Institut. — La théorie du soleil. — L'observation des éclipses totales organisée par lui.

Le principe de la publicité des séances de l'Académie des sciences et des autres Académies, qui nous paraît si naturel et si légitime, et auquel l'Académie française a seule résisté, a été conquis par Arago, et non sans grandes difficultés. L'illustre secrétaire perpétuel de l'Académie des sciences a eu à lutter d'une façon excessivement énergique contre le parti du huis clos, dont Biot fut le persistant défenseur. On trouve dans les *Mélanges*, de cet auteur, précieusement conservées, toutes les raisons qu'il articula dans les comités secrets tenus afin de consulter l'Académie sur cette grande réforme, à laquelle l'Académie a dû son renom actuel. C'est en effet par cette particularité qu'elle se distingue des institutions analogues.

Rien n'est plus curieux que de lire en 1886 les arguments qu'il donnait, cinquante ans plus tôt, pour réduire la Compagnie à la publication d'un volume annuel, contenant un très maigre résumé des travaux de l'année courante rédigé par les soins des secrétaires perpétuels.

Si l'on en avait cru l'ancien insurgé royaliste des marches de Saint-Roch, le monde scientifique était ébranlé jusque dans ses fondements si l'on admettait dans la salle des séances des *journalistes* dont la plume indiscrète pouvait impunément révéler les erreurs que les savants les plus estimables pouvaient proférer dans un moment d'irréflexion; l'Académie tombait en déliquescence si les pontifes de la science officielle étaient exposés aux brocards de la presse indépendante.

Arago ne supportait pas toujours d'une humeur très égale les critiques dont ses opinions scientifiques pouvaient être l'objet, et on le vit parfois saisir la plume pour répondre avec amertume à quelques remarques. D'autrefois, des polémiques ardentes s'allumèrent, dans lesquelles on prétendait qu'il avait pris part plus activement qu'on n'eut pu le croire, si on admettait qu'en matière de journalisme la signature est un pavillon qui couvre toujours la marchandise littéraire. Mais il ne se laissa pas détourner de son grand et libéral projet par la perspective des petits inconvénients que Biot signalait avec tant d'insistance.

C'est en juin 1837, sous le ministère de M. Molé, que parut le premier numéro des *Comptes rendus de l'Académie des Sciences*, magnifique collection qui contient une multitude de renseignements de toute nature, et qui doit être considéré comme le procès-verbal, rédigé au jour le jour, de tous les progrès des sciences.

Non seulement Arago fonda ce journal, mais il employa toute son activité intellectuelle à le rendre véritablement digne de l'attention publique. Grâce à sa facilité d'élocution, de compréhension et d'improvisation, il animait à lui seul les séances de l'Académie des sciences.

Tous les lundis, il faisait des discours merveilleux d'entrain et d'à-propos sur tous les objets qui se présentaient à l'ordre du jour de la séance. Il égalait et surpassait peut-être Fontenelle et Condorcet, les deux secrétaires perpétuels de l'ancienne Académie, dont les noms sont une partie si essentielle de la gloire de cette corporation si célèbre.

C'était l'âge d'or des critiques scientifiques, qui n'avaient guère que la peine de résumer les explications données par Arago pour intéresser les lecteurs des *Débats*, du *National* et des autres feuilles publiques de l'époque.

Depuis la mort d'Arago, l'Académie n'a plus connu ces séances émouvantes, aucun de ses successeurs n'ayant même tenté sérieusement de faire oublier le souvenir légendaire qu'il a laissé dans la Compagnie, ainsi que dans le public ami des sciences (1).

Créateur des *Comptes rendus*, il tenait à ce que cette publication ne déviât pas de son but, et qu'elle ne fût point encombrée par les mémoires de certains analystes déposant chaque semaine au coin du bureau des tranches d'interminables mémoires.

Le savant Donnet, célèbre micrographe, appuya spirituellement les réclamations qu'il fit entendre contre Cauchy, fontaine inépui-

(1) M. Dumas, qui peut jusqu'à un certain point être comparé à Arago, remplissait le fauteuil de Cuvier, et était secrétaire perpétuel pour la section des Sciences physiques.

sable d'analyse. Ce prolixe géomètre avait été introduit par ordonnance royale dans le sein de la Compagnie; il était frère du greffier de la Chambre de Paris, ancien précepteur du duc de Bordeaux, ardent légitimiste et fougueux catholique.

Comme le parti de la cour soutenait cet irascible personnage, il n'eut qu'à se fâcher; il obtint que le journaliste factieux fût éloigné de Paris et du feuilleton des *Débats*. On le nomma, par compensation, recteur de l'Académie de Marseille.

Sauf l'introduction de la publicité, qui était un élément inconnu dans la constitution de l'ancien Institut national, Arago cherchait tout ce qui pouvait rapprocher l'organisation des cinq académies de celle que le Directoire exécutif avait donné à notre grand sénat scientifique.

Il applaudit à l'ordonnance royale qui rétablit la classe des sciences morales et politiques, mais il aurait voulu que le gouvernement de juillet fît un pas de plus et restituât l'unité de l'Institut, c'est-à-dire de l'espèce d'encyclopédie vivante qui était le conseil permanent des pouvoirs constitués de la République française, et que les pouvoirs politiques devaient obligatoirement consulter dans toutes les matières de science.

La restauration presque complète du plan primitif devait être réservé à la seconde et surtout à la troisième République, sous le ministère mémorable de M. Jules Simon. Mais dès le règne de Louis-Philippe, Arago montra dans une circonstance inoubliable combien l'unité de l'Institut était essentielle à ses yeux.

Un nombre imposant de membres de l'Académie française lui ayant offert spontanément une candidature, à laquelle il avait tous les droits, Arago refusa avec obstination de se laisser porter, alléguant que l'on ne pouvait figurer dans deux sections différentes d'un corps appelé à prendre des délibérations communes, et dont tous les membres avaient voix consultative dans n'importe quelle question.

Sa réponse spirituelle et laconique renferme quelques traits malins contre les académiciens *doubles* ou *triples* qui cumulent des fonctions multiples, s'excluant en vertu des lois constitutives de l'Institut national.

Ce qui rendait cette résolution sans contredit plus méritoire, c'est qu'elle profita à Guizot, son adversaire politique, qui aurait dû attendre une vacance sous l'orme ministériel, si, cette fois encore, Arago n'avait été fidèle aux principes de la Révolution française.

La fortune ne prête qu'aux riches, et pendant qu'il exerça les fonctions de secrétaire perpétuel de l'Académie des sciences, Arago eut à entretenir le public d'un nombre considérable de découvertes majeures, faisant le plus grand honneur au génie français, et marquant de glorieuses étapes dans l'histoire de la conquête de l'inconnu par l'esprit humain.

Parmi ces innovations merveilleuses auxquelles le nom d'Arago se trouve indissolublement attaché, comme les ayant proclamées avec éclat devant le monde scientifique abasourdi, nous citerons la galvanoplastie, la photographie, le pendule de M. Léon Foucault, l'habile et spirituel successeur de Donnet dans la rédaction du journal des *Débats*.

Arago exposa avec sa lucidité et son enthousiasme ordinaires ces différentes découvertes ; il encouragea de son mieux leurs auteurs ; quand il le put, il leur fit obtenir des secours ou des récompenses nationales ; enfin, lorsqu'il le fallut, il les défendit contre leurs détracteurs.

Mais Arago n'était pas seulement une voix

retentissante qui propageait les conquêtes de ses contemporains. Malgré ses préoccupations politiques, il s'occupait avec bonheur et avec éclat de compléter ses recherches personnelles et d'en commencer de nouvelles.

On peut dire d'une façon générale que rien de ce qui touche à la lumière ne lui demeura étranger. Ses études portèrent non seulement sur les rayons que le soleil nous envoie, mais encore sur la constitution du soleil lui-même.

Il adopta la théorie acceptée par Herschell et imaginée par Eliott, médecin condamné à mort pour avoir assassiné sa maîtresse. Il croyait que la surface du soleil était environnée d'aurores boréales perpétuelles, qui pouvaient très bien ne donner que des reflets fort atténués à la surface de cette magnifique terre du ciel. Arago alla même jusqu'à croire que la surface de cet astre pouvait être habitée par des peuples dont la constitution serait semblable à la nôtre, quoiqu'ils dussent être beaucoup plus robustes pour ne point être écrasés par une attraction qui nous clouerait au sol et il pensait qu'il n'était pas du tout nécessaire de supposer qu'ils eussent une nature semblable à celle des salamandres.

Cette doctrine a été généralement abandonnée par les astronomes, qui se sont rattachés à celle de Laplace à cause des résultats obtenus à l'aide de l'analyse spectrale, méthode venue d'Allemagne, après la mort d'Arago, et qui s'est répandue dans les Universités et dans les observatoires avec la rapidité d'une véritable épidémie contagieuse.

Ce n'est point le lieu de discuter ici les bases sur lesquelles elle repose, et qui nous paraissent complètement erronées. Nous dirons seulement que dans cette circonstance on peut dire que, si la victoire de la spectroscopie est destinée à rester définitive, Arago aura, suivant l'expression vulgaire, eu au moins l'avantage de forger lui-même les armes à l'aide desquelles on est parvenu à le vaincre.

En effet, jusqu'à l'éclipse de 1842, qui s'était précisément montrée dans toute sa splendeur à Perpignan, les astronomes négligeaient l'observation des magnifiques phénomènes qui accompagnent la phase de la totalité. C'est Arago qui, après avoir fait organiser avec luxe un grand nombre de stations différentes, a invité les savants à ne laisser passer aucune de ces grandes éclipses sans en faire l'objet d'études minutieuses. C'est donc indirectement à son influence prépondérante et à son autorité scientifique que l'on doit les belles expéditions dans lesquelles s'est distingué M. Janssens, actuellement directeur de l'Observatoire de Meudon, et que le gouvernement de la Défense nationale a fait continuer, même à l'époque funeste où l'armée prussienne bombardait la capitale de notre République.

Tout en admettant le nombre et la précision des faits physiques recueillis dans ces dernières circonstances, nous sommes persuadés qu'ils n'ont rien de contraire à la magnifique hypothèse qu'Arago a si complètement adoptée, et qui termine si bien l'ensemble de ses découvertes électriques. En effet, si l'on admet que les astres soient des aimants (et il est difficile de ne point professer cette opinion en présence de l'énergie du pouvoir magnétique de la terre), on reconnaîtra qu'il est naturel de supposer que le mouvement de ces divers corps dans les espaces célestes produira des effluves lumineuses en proportion simple ou composée avec leur marche et leur vitesse de translation dans les espaces.

Ayant assimilé la lumière du soleil à des aurores perpétuelles, Arago devait nécessairement examiner de très près ces derniers phénomènes. Il tira donc un merveilleux parti d'une observation faite par les astronomes scandinaves du XVIII^e^ siècle, qui avaient remarqué que les troubles de l'aiguille aimantée coïncident avec l'apparition d'aurores polaires. Chaque fois qu'il voyait les boussoles de l'Observatoire en mouvement, il annonçait dans les journaux qu'il devait s'être produit des lueurs dans le Nord. Cette prédiction, qui se trouvait toujours vérifiée par les événements, excitait beaucoup d'enthousiasme. Il est assez étrange qu'il n'ait pas trouvé d'imitateurs. Il est d'autant plus à regretter que ces annonces soient tombées en désuétude qu'il est à présumer que les mouvements du magnétisme terrestre sont peut-être les seuls phénomènes naturels qui puissent conduire à la prédiction du temps, problème que les météorologistes contemporains cherchent à résoudre en observant les mouvements des girouettes, aussi inutiles pour les progrès de la physique du globe que dans la politique.

## CHAPITRE VIII

Arago, membre du Conseil municipal de Paris. — La fontaine Molière. — Ses éloges académiques : Condorcet et les torrents. — Arago et les spirites.

Arago ne fut pas seulement membre de la Chambre des députés, mais il siégea encore pendant de longues années au Conseil municipal, où son influence était prépondérante, et où il l'exerçait pour obtenir une multitude de progrès dans l'éclairage, le régime des eaux, la viabilité et le pavage, etc., etc.

Sa sollicitude s'étendait aussi sur toutes les gloires nationales. Il s'occupa activement de l'érection d'une statue en l'honneur de Molière, fut nommé vice-président du comité de la Souscription nationale, et prononça un discours très remarquable et fort applaudi lors de l'inauguration; il célébra cet auteur, ainsi que lui, complètement inimitable dans son genre. Si jamais le comité des Auteurs dramatiques ou des Gens de lettres prend part à une manifestation analogue en son honneur, l'on voit que ce ne sera « qu'un rendu pour un prêté ».

L'église Saint-Jacques-la-Boucherie avait été une des premières supprimées lors de la Révolution française. Un spéculateur qui l'avait achetée à vil prix en avait opéré la démolition afin de réaliser un bénéfice sur la vente des matériaux; la tour, qui avait été épargnée, était menacée à son tour. Arago, se souvenant qu'elle avait servi aux expériences de Pascal, que l'on peut appeler l'Arago du XVII^e siècle, obtient du Conseil municipal que la ville de Paris fit l'acquisition de cette relique. C'est grâce à Arago que l'on put la retrouver intacte et que M. Alphand fut à même d'exécuter les travaux de restauration à l'époque où l'on se préoccupa des décrets de la Constituante de 1848, relatif au prolongement de la rue de Rivoli.

Non seulement Arago donnait chaque année, dans l'*Annuaire du Bureau des longitudes*, des *Notices* qui avaient l'importance de véritables ouvrages, mais il lisait, presque chaque année, dans les séances solennelles de l'Académie des sciences, des éloges historiques principalement consacrés aux académiciens qui avaient succombé dans la période révolution-

8

naire, et qui avaient payé de leur tête la part honorable qu'ils avaient prise à l'affranchissement moral et intellectuel de la France.

Dans ces occasions, Arago s'attachait particulièrement à séparer l'idée républicaine des excès qui l'ont déparée et compromise. Il ne négligeait aucune occasion pour répudier les sectaires qui avaient amené les réactions successives dont la France avait tant eu à souffrir. — Ces protestations étaient accompagnées de remarques ingénieuses qu'on ne saurait trop mettre sous les yeux des lecteurs. Après avoir montré que Carnot est un des premiers qui aient établi que ce qu'on « gagne en force on le perd en vitesse », Arago s'écrie : « Si je devais faire sentir l'importance du théorème de Carnot aux gens du monde, je dirais qu'il a étendu aux phénomènes matériels un proverbe dont la vérité n'était guère constatée que dans le monde moral ; que *beaucoup de bruit pour peu de besogne* est désormais une diction tout aussi applicable aux travaux effectifs des machines qu'aux entreprises de certains individus dont la pétulance fait espérer des merveilles que l'événement ne réalise jamais. »

C'est à propos de l'éloge de Carnot, publié en 1837, qu'il a donné un exemple qu'auraient dû suivre ses divers biographes, qui ont cru pouvoir scinder sa vie, et qui se sont imaginés que l'on pouvait faire l'éloge du savant, tout en laissant de côté l'homme politique. « Supposons, dit-il, que je me taise ici sur le *membre du comité de Salut public*, ne conclura-t-on pas de mon silence que j'ai reconnu l'impossibilité de repousser les attaques vives, nombreuses, poignantes dont il a été l'objet? Ces attaques, Carnot, de son vivant, a pu les dédaigner; il m'était au contraire imposé d'en chercher l'origine, d'en peser consciencieusement la valeur. » Après avoir prononcé ces nobles paroles, il dit : « qu'aucune puissance humaine ne l'eût décidé à faire retentir le nom de Carnot dans une séance solennelle s'il n'avait découvert les causes honorables, patriotiques de certains actes que la plus atroce des calomnies avait souillés de sa bave infecte ». Revenant avec force et éloquence sur la défense de la Convention nationale, Arago s'écrie :« En 1793, la Convention était dans l'État le seul pouvoir organisé capable d'apporter une digue efficace au débordement d'ennemis qui, de toutes les parties de l'Europe, venaient se ruer sur la France et menacer sa nationalité. *La nationalité d'un peuple est comme l'honneur; la plus légère blessure lui devient mortelle.* » Mais tout en justifiant éloquemment Carnot, Arago écrit les lignes suivantes, qui peuvent être considérées comme étant l'expression de sa foi politique et l'éclatante glorification de la conduite qu'il a adoptée lorsque, membre du gouvernement provisoire, il fut lui-même appelé à prendre part au gouvernement de la France. « Bientôt la fermeté dégénère en frénésie ; bientôt on immole les riches par l'unique raison qu'ils sont riches ; bientôt la terreur règne d'une extrémité de la France à l'autre ; elle porte indistinctement le deuil et le désespoir dans la famille du soldat et dans celle du général ; elle saisit ses victimes dans l'humble demeure de l'artisan comme dans le palais doré de l'ancien duc et pair ; elle n'épargne ni l'âge ni le sexe ; elle frappe en aveugle toutes les opinions ; ajoutant enfin la dissimulation à la cruauté, elle parodie les formes de la justice... Je sais bien qu'on a exercé ces sanglantes saturnales en invoquant la volonté populaire. Si je juge du peuple de 1793, que je n'ai pas connu, par celui que nous avons vu à l'œuvre en 1830, l'explication est menteuse, je n'hésite point à le dire. Le peuple, dans un moment d'effervescence et d'entrainement, se porte quelquefois à des actes coupables; *jamais il ne s'est associé à des barbaries quotidiennes!* »

Afin de répondre aux apologies des massacres de septembre, qui étaient proposées avant la révolution de Février, par des auteurs dont il est inutile de donner les noms, Arago place, dans l'éloge Condorcet, l'opinion de cette illustre victime de la fureur terroriste sur cet événement tragique :

« Cette souillure de la Révolution a été l'ouvrage de la folie et de la férocité de certains hommes, non celui du peuple, qui, ne se croyant pas la force de les empêcher, en détourna les yeux. Le petit nombre des factieux auxquels ces déplorables événements doivent être imputés eut l'art de paralyser la puissance publique, de tromper les citoyens et l'Assemblée nationale. » Cette citation caractéristique est suivie d'une autre qu'Arago dit avoir empruntée aux mémoires du temps, et qui aurait été lancée par un ouvrier à un des sbires de la Commune. « Vous prétendez massacrer des ennemis, mais je n'appelle jamais ainsi des hommes désarmés. Conduisez au Champ-de-Mars ces malheureux, qui, dites-vous, se réjouissaient des défaites de la République. Nous les combattrons en nombre égal, à armes égales, et leur mort n'aura rien alors qui puisse nous faire rougir. »

En même temps qu'Arago faisait tous ses efforts pour empêcher qu'on ne confondît « les deux Républiques », il cherchait à défendre la raison contre le charlatanisme des magnétiseurs, nous dirions aujourd'hui des spirites.

Dans la biographie d'Ampère, Arago explique très bien combien il faut attacher peu de valeur aux attestations des savants célèbres, qui, dupes de quelques charlatans, servaient en quelque sorte d'hameçon à des escamoteurs pour augmenter le nombre de malheureux, dont la raison tombe en quelque sorte sous les coups de leurs prétendus prestiges :

« Ampère a souvent prêté le secours de son imposante autorité aux adeptes du magnétisme animal. *La faiblesse de sa vue,* son manque de dextérité coporelle, sa grande candeur le rendaient peu propre à découvrir les ruses, les tours d'adresse qui ont dû faire considérer ce magnétisme comme une des branches de l'escamotage. Dans certaines réunions où l'amour du merveilleux, le besoin de sonder les mystères de l'organisation, et surtout l'espoir de découvrir quelques nouveaux moyens de secourir l'humanité souffrante, amenaient tant de personnes estimables. Ampère fut souvent fasciné par des tours d'adresse, comme il l'eût été sur certains de nos petits théâtres d'enfants, en voyant les muscades changer subitement de dimensions, se multiplier à l'infini, et passer successivement dans divers gobelets, au gré d'un de ces personnages que l'on nomme aujourd'hui des prestidigitateurs. C'est ainsi, sans aucun doute, qu'Ampère avait été conduit à admettre que, dans certaines conditions d'excitation nerveuse, l'homme peut voir, même de loin, sans le secours de ses yeux, observer une étoile avec son genou, suivre tous les mouvements des acteurs en leur tournant le dos, et lire un billet doux avec le coude. »

Jamais les prétentions grotesques des marchands de suggestion n'ont été persiflées avec plus d'esprit et de bonhomie que dans ces lignes que devraient relire les membres de plusieurs classes de l'Institut de France, qui, sur la foi de phénomènes obscurs, peu authentiques, mal observés, ou dénaturés par d'adroits jongleurs, laissent ébranler les bases de la philosophie léguée par les disciples de Descartes et de Socrate.

## CHAPITRE IX

Arago et les chemins de fer. — Arago et les télégraphes électriques. — Détermination des longitudes. — Arago et les savants. — Louis-Philippe à l'Observatoire. — Idées d'Arago sur le cumul. — La publication de ses ouvrages. — Les fils d'Arago. — Son beau-frère.

Arago, qui avait pleine confiance dans la science de son ami Charles Dupin, avait, d'après les hésitations du célèbre ingénieur, hésité lui-même quelque temps avant de croire à l'avenir des voies ferrées; mais dès qu'il fut démontré par l'expérience que la traction par locomotive n'était pas une chimère, il consacra une étude à la machine à vapeur, et démontra de la façon la plus lucide, la plus irréfragable, à l'aide de renseignements recueillis en Angleterre, que l'invention de cet admirable instrument appartient au grand et malheureux Papin. Si ce fait glorieux pour notre nation est maintenant accepté par nos rivaux, c'est au zèle d'Arago qu'on doit en reporter tout l'honneur.

La question des chemins de fer occupa une très grande place dans la vie parlementaire d'Arago, qui était un adversaire déterminé de l'exploitation par l'État. C'est à Arago qu'on doit le rejet de la loi proposée par le gouvernement, qui demandait à être chargé de l'exécution du réseau national. Les discours qu'Arago a prononcés les 12 et 14 juin 1836, le 24 juin 1837, les 9 et 10 mai 1838, le 16 juin 1840, le 2 et 19 juillet 1844 et le 20 juin 1845, ont contribué, plus que toute autre considération, à l'établissement du régime actuel.

Il en est de même de l'établissement de la télégraphie électrique, sur laquelle nous avons vu qu'Arago avait des droits régaliens, puisqu'il était l'un des deux inventeurs de l'électro-aimant, sans lequel la transmission de la pensée à distance était le rêve des nécromanciens et des chercheurs de pierre philosophale.

Dans cette occasion encore, Arago s'est montré excessivement libéral.

C'est grâce à son opposition acharnée que le gouvernement a consenti à admettre le public à se servir d'un moyen de communication instantanée dont il entendait se réserver le monopole. Rien n'est plus curieux, plus instructif et plus honorable pour Arago que de le voir se débattre contre des bureaucrates, prétendant que l'ordre social serait ébranlé jusque dans ses fondements si le télégraphe était mis à la disposition des particuliers, comme l'était déjà la poste depuis plusieurs siècles.

C'est encore Arago qui a le premier eu l'idée d'employer la télégraphie électrique à perfectionner la détermination des longitudes terrestres.

Enfin, ayant compris l'importance excessive qu'il y avait à encourager la propagation et le perfectionnement de la photographie, il conçut l'idée de racheter le brevet de MM. Niepce et Daguerre, en faisant décerner aux inventeurs une récompense nationale, qu'il n'arracha pas sans peine, à une époque où le gouvernement avait les habitudes méticuleuses et avaricieuses du souverain lui-même.

Enfin, malgré la multiplicité de ses préoccupations et de ses travaux, il ne négligeait jamais de tenir le public en garde contre les fausses nouvelles et les mystifications qui pouvaient avoir une certaine gravité. C'est ainsi qu'on le vit protester avec énergie contre le *canard* ridicule envoyé en 1837 d'Amérique par un astronome renvoyé de l'Observatoire. Il montra l'absurdité des prétendues découvertes d'un *homme de la Lune*, qui aurait été aperçu au cap de Bonne-Espérance par M. John Herschell. Il en résultat que cette mystification célèbre ne fit de dupes que parmi les gens naïfs qui consentirent à le devenir.

A l'époque où Napoléon, fugitif, avait voulu s'assurer la collaboration d'Arago, le czar Alexandre eut l'idée de reprendre pour lui-même les projets du monarque que l'Angleterre transportait à Saint-Hélène. Eugène de Mirecourt raconte que l'autocrate offrit à Arago de l'emmener à Saint-Pétersbourg, lui proposant cent mille roubles d'appointement par an, ainsi que le *commandement des sciences*. Arago aurait décliné respectueusement ces offres.

M. de Humboldt, qui, comme nous l'avons rapporté, s'était acquis l'amitié d'Arago par la lettre adressée avec beaucoup d'opportunisme au Lazaret de Marseille, avait suivi à Paris le roi de Prusse. Il prévint Arago que son maître désirait avoir une entrevue avec lui. Arago refusa avec beaucoup de brusquerie déclarant que tous « les souverains finiraient par me compromettre. »

Mais de Humboldt ne se tint pas pour battu, nous apprend Mirecourt :

« Le jour de son départ, il vint faire les adieux à Arago, accompagné d'un personnage vêtu d'une façon très simple et qui avait l'air d'un bourgeois prêt à monter en diligence. Arago présenta des sièges à ces messieurs ; puis il causa plus d'une heure avec le chambellan, sans adresser une seule fois la parole au compagnon qu'il avait amené. Arago avait parfaitement reconnu le roi de Prusse. »

Louis-Philippe essaya de son côté de se faire un ami de l'incorruptible souverain de l'Observatoire. Il aurait voulu qu'Arago donnât des leçons d'astronomie au duc d'Orléans. A une certaine époque, le roi venait quelquefois à l'Observatoire, sous prétexte d'y regarder la lune. Pierre Véron a rapporté récemment dans le *Monde illustré* ce qui serait arrivé lors d'une de ces visites.

« Est-ce que les choses se passent mieux là-haut que chez nous, dit le roi. — Sire, répondit le directeur de l'Observatoire, je dois vous avouer que je n'en sais rien, malgré mes lunettes, car si je disais oui je serais un hôte discourtois, et si je disais non je serais un flatteur. »

Quoique sa patrie fut loin de se montrer

ingrate envers lui, Arago avait sur le cumul des idées justes, nobles, saines, et qui ne lui permettaient pas de se constituer des rentes aux dépends du budget. Le total des appointements qu'il recevait comme secrétaire perpétuel de l'Institut et membre du Bureau des longitudes ne s'élevait qu'à onze mille francs; il n'avait point d'indemnité particulière comme directeur de l'Observatoire; les fonctions de député, sous Louis-Philippe, et de conseiller municipal étaient gratuites. Les travaux littéraires auxquels il se livrait pour l'*Annuaire du Bureau des longitudes* et les *Eloges académiques* lui enlevaient le temps de rédiger des volumes que les libraires auraient certainement payé au poids de l'or.

Comme Arago exerçait des fonctions rétribuées par l'Etat, il lui semblait que tout son temps appartenait au public. On ne connait de lui qu'un très petit nombre d'opuscules publiés en dehors des collections officielles, où la copie ne se paye pas.

Il a cependant laissé des mémoires dont l'*Histoire de ma jeunesse*, ce livre si curieux, ne forment que le préambule. Mais, sauf quelques pages communiquées aux intéressés, ce travail a été destiné à ne paraitre que longtemps après la mort de l'auteur. La franchise avec laquelle il a apprécié le caractère de tous ses plus illustres contemporains a nécessité cette réserve.

L'*Histoire de ma Jeunesse* permet d'affirmer, presque à coup sûr, que de la sorte Arago doit acquérir un regain de popularité et de gloire, quand tous les événements dont il a été témoin ou acteur seront entrés dans le domaine de l'histoire.

L'esprit libéral, franchement et sagement républicain qui a présidé à la rédaction des biographies scientifiques publiées pendant la république de Février, ou les sombres débuts de l'Empire nous fait voir que les convictions de l'auteur n'ont point été ébranlées par les tristes spectacles qui ont attristé la fin de sa carrière, peut-être même abrégé la durée de ses jours. En effet, parmi les collègues d'Arago à l'Académie des sciences, la vie moyenne donne un chiffre supérieur à celui des années que ce grand astronome a passées sur la terre.

Arago avait deux fils, Emmanuel et Alfred, qui auraient peut-être eu le goût des sciences; mais Arago ne voulait pas créer l'une de ces dynasties scientifiques qui finissent toujours par des rois fainéants, même quand elles ont commencé par des César. L'exemple des Cassini lui fit peur. En effet, cette famille, après avoir débuté par faire la gloire de l'Observatoire de Paris, en devint positivement le fléau, et elle aurait fait tomber en quenouille l'astronomie française, si la Révolution ne lui avait enlevé son trône en même temps qu'elle détruisait celui des Bourbons, à l'ombre desquels elle régnait despotiquement sur la science nationale.

Cependant, il ne repoussait pas d'une façon absolue les savants, et il fut le premier à donner la main au mariage d'une de ses sœurs avec M. Mathieu, qui fut nommé en 1806 membre du Bureau des longitudes, sur la présentation de Delambre, et en 1834, pour le département de Saône-et-Loire, membre de la Chambre des députés où il siégea jusqu'en 1848, à coté d'Arago, à l'extrême-gauche. De ce côté Arago eut un neveu actuellement directeur de la manufacture des tabacs de Dieppe et une nièce, qui épousa M. Laugier, membre de l'Institut.

La monarchie de Juillet n'avait point encore disparu, que Arago eut à lutter contre un nouvel antagoniste venant lui disputer la juste influence qu'il possédait sur l'Académie des sciences.

## CHAPITRE X

Arago et Le Verrier. — La planète. — La révolution de Février. — Arago aux barricades. — La fuite de Libri. — Ses fureurs. — Les ballons à l'Observatoire. — Instructions d'Arago. — Arago et le coup d'État.

Depuis longtemps les astronomes avaient été frappés des irrégularités de la marche de la planète Uranus, qui éprouve de grandes perterbations dans une partie de son orbe. Leverrier, jeune analyste sortant de l'Ecole Polytechnique, ayant montré des aptitudes spéciales pour les calculs algébriques, le directeur de l'Observatoire l'engagea vivement à appliquer l'analyse à la découverte de l'orbe de la planète qui produisait ces déviations extraordinaires. Grâce à la dextérité hors ligne de cet ardent investigateur, il annonça bientôt quelle était la position que l'astre inconnu devait occuper dans le ciel. A peine la position approximative avait elle été déterminée qu'une lettre de Berlin annonça qu'un astronome de cette ville avait aperçu le corps signalé d'une façon si merveilleuse.

Arago se chargea d'annoncer lui-même la grande découverte, qui fut considérée et qui l'est encore de nos jours, comme donnant la mesure de la puissance de la géométrie appliquée à l'étude des mouvements célestes. Nul, plus que lui, ne partagea l'enthousiasme universel. Des réclamations intempestives ayant éclaté en Angleterre, Arago réfuta les prétentions rivales avec toute l'autorité qu'il avait en pareille matière.

Mais le gouvernement de Louis-Philippe supportait avec une impatience croissant avec ses embarras la véritable dictature qu'Arago exerçait sur l'Académie des sciences. M. de Salvandy, ministre de l'instruction publique, vit avec l'œil perspicace d'un courtisan que l'on pourrait élever autel contre autel, et que l'observatoire de Paris avait un autre directeur possible. En effet, Arago n'était pas, après tout, inamovible; pour le renverser, il suffisait d'un vote du Bureau des longitudes.

Leverrier ne sut pas résister à la tentation, et passa dans le camp opposé avec armes et bagages, c'est-à-dire avec ses équations et même avec ses lunettes. Il trouva tous les ennemis d'Arago disposés à le soutenir, et M. de Salvandy écrivit au vieux monarque une lettre célèbre, dans laquelle « il prévenait Sa Majesté qu'un jeune astronome brûlait du désir de déposer sa science à ses pieds. »

Sur ces entrefaites éclata ce que l'on a appelé le coup de foudre de Février. Arago, par sa haute situation scientifique aussi bien que par ses opinions républicaines et ses discours en faveur du suffrage universel, était désigné naturellement pour faire partie du gouvernement provisoire de la République française.

Le rôle brillant joué par Etienne Arago dans l'attaque du Château-d'Eau, du Palais-Royal, le désignait comme un des fonctionnaires du nouveau gouvernement : on le nomma directeur des postes ; Emmanuel Arago, fils aîné de l'astronome, qui s'était distingué au barreau, fut envoyé comme commissaire de la République à Lyon, avec l'espérance qu'il ne serait point avalé par les *voraces*.

Parmi les iniquités sociales, il y en a malheureusement quelques-unes qui ont des racines profondes, et dont la destruction ne peut être que l'œuvre du temps. Mais il y en a d'autres que l'on peut effacer d'un trait de plume.

L'usage des châtiments corporels, dont on se servait encore dans la marine, et l'esclavage qui déshonorait les colonies françaises sont de ce nombre. Désireux d'attacher son passage aux affaires à la destruction de ces deux horribles institutions, Arago sollicita la fonction de ministre de la marine.

Il réussit au gré de ses désirs, mais grâce à l'usage hardi qu'il fit de son initiative. En effet, les deux décrets dont il réclamait la signature, et qui sont au petit nombre de ceux qu'aucun ministre n'osa rapporter, furent préparés et signés par lui, en dépit de toutes les objections articulées par les amis du *statu quo*, affectant des craintes tant sur la paix publique aux colonies que sur le maintien de la discipline à bord des navires de guerre.

Sous le règne de Louis-Philippe, il y avait déjà dans le sein du parti républicain le dualisme que l'Empire n'a point fait disparaître, et qui persiste encore à cette heure. Deux journaux représentaient cette double tendance : le *National* et la *Réforme*.

La victoire rapide de Février n'était pas faite pour ramener l'union entre deux fractions représentant des tendances et des opinions si disparates.

De même que Lamartine, Arago avait été un des hommes d'Etat clairvoyants qui avaient bien compris que le drapeau rouge serait la bannière des insurrections de l'avenir, l'étendard sous lequel se cacheraient les fractions monarchiques, espérant profiter des désordres pour écraser la République française dans le sang d'une insurrection populaire.

Nommé un des cinq membres de la Commission exécutive, Arago ne connut guère que les amertumes du pouvoir. Car le souci constant de ce gouvernement trop éphémère fut d'empêcher la terrible insurrection de juin, qui fit couler tant de sang généreux sur les pavés de la capitale.

La Commission exécutive expirait au Luxembourg dans la funeste journée du 25 juin 1848, où éclatait la guerre civile, qu'elle n'avait pu que prévoir, sans être à même de la prévenir.

Avant de laisser la parole au canon, Arago résolut de faire un dernier effort pour arrêter sur le bord de l'abîme cette foule dont le républicanisme aveuglé allait tuer la République.

Donnant ordre aux soldats qui le suivaient de s'arrêter, il marcha seul, ceint de son écharpe, vers la barricade.

Apostrophant les ouvriers groupés sur les pavés, il leur demanda pourquoi ils se révoltaient contre le gouvernement qu'ils prétendaient servir.

Voici comment un écrivain, dont les rapports avec le prétendant ne sont plus aujourd'hui un mystère, M. Hippolyte Castille, raconte, dans son *Histoire de la Révolution de Février*, la fin de cette scène antique, à laquelle il ne peut retirer sa grandeur : « Arago parla des bienveillantes dispositions de la Chambre et du Pouvoir; des mesures projetées pour procurer du travail aux ouvriers des ateliers nationaux dans les départements. Douze cents hommes ont été demandés à Angers, ajouta-t-il. — On nous aurait battus à Angers, comme à Courbevoie ou à Puteaux (1), répliquèrent-ils. » Une voix ajouta : « Vous n'avez pas le droit de parler, vous n'avez jamais eu faim. » (2)

— Plus de promesses! dit un autre, il nous faut des actes.

(1) Ce fait est faux.

(2) Ce fait n'est pas plus exact que l'autre. Arago, dans l'*Histoire de ma jeunesse*, raconte d'une façon dramatique les circonstances dans lesquelles il connut les tortures de la faim.

— On a fait ce qu'on a pu...

— C'est faux!

— On m'insulte. C'est assez, dit M. Arago en se retirant.

Comme il s'éloignait, un fusil s'abaissa et les coucha en joue! Quelqu'un détourna le canon. Le silence se fit. Une voix répéta les trois sommations (1). »

Arago, quelle sombre analogie, ne réussit pas plus auprès des ouvriers que du maréchal de France ou du roi des Français. Il y a, dans l'histoire, des journées lugubres où, suivant l'expression arabe, la parole est à la poudre.

Plût au Ciel qu'un bras humain n'eût dé-

(1) L'écrivain bonapartiste termine le récit en disant qu'Arago marcha intrépidement à la tête des soldats pour charger ceux qui avaient fait avec lui des barricades en 1832. C'est un double mensonge. En 1832 Arago n'avait pas fait de barricades, et puisque les insurgés n'avaient pas voulu entendre le langage de la raison, Arago n'avait qu'à laisser aux généraux le soin de leur faire entendre la voix du canon. La Commission exécutive se démit du reste de ses fonctions, pour laisser au général Cavaignac la triste, mais nécessaire mission de faire régner l'ordre dans Paris. Mais, dans cette bataille, dont on connaît maintenant les instigateurs, c'est la République qui avait péri!

tourné la balle qui allait frapper le grand astronome, comme celle d'un autre assassin perça la poitrine de l'archevêque de Paris, lorsque, imitant l'illustre membre de la Commission exécutive, il voulut empêcher que des furieux ne fissent couler le sang français!

En effet, cette journée funèbre assombrit à jamais la carrière de François Arago, dont l'esprit pénétrant lut, dans les ténèbres de l'avenir, d'un prochain avenir, toutes les calamités politiques et sociales qui allaient fondre sur nous.

Arago, qui était l'homme de tous les devoirs, remplit fidèlement son mandat de représentant de ce peuple léger et aveugle qui enveloppa dans son ingratitude Marrast, Lamartine, Guinard, Degousée, tous les républicains du *National*, dont l'honnêteté avait épargné à la France les maux que la Commune nous à fait goûter. Mais il ne crut pas qu'il fût utile de faire entendre sa voix dans les assemblées déchirées par des factions ennemies et aveugles, où la raison avait perdu tout empire. Il se borna à lutter contre la réaction, qui menaçait d'envahir l'enceinte consacrée à la culture des sciences. Du reste, n'avait-il pas une tâche sacrée à accomplir, celle de mettre la dernière main à ses expériences, et de préparer la publication des travaux épars dans une multitude de recueils ou de journaux.

La fuite du roi avait mis entre les mains des vainqueurs tous les papiers du gouvernement. On acquit ainsi la preuve qu'une instruction judiciaire avait été commencée contre M. Libri, Italien naturalisé, qui, après avoir prodigué à Arago toutes les protestations d'amitié pendant qu'il n'était que candidat, était soudainement devenu son détracteur acharné. La conversion soudaine et bruyante de l'historien des *Sciences mathématiques en Italie* aux principes du gouvernement de M. Guizot avait valu à l'ancien républicain des faveurs multiples et des places richement rétribuées, notamment celle d'inspecteur des bibliothèques publiques. Mais ce personnage, qui croyait être sûr de l'impunité, profitait de l'excessive facilité avec laquelle il pénétrait dans ces établissements pour écumer les rayons qu'il était chargé de surveiller. Les livres les plus précieux étaient volés par lui, et il constituait ainsi une riche collection qu'il avait l'intention de vendre à l'étranger, et qui l'a été en effet, comme de récents débats l'ont complétement démontré.

Prévenu par le feuilletoniste scientifique du *National*, qui lui remit un billet au milieu même d'une séance de l'Académie, le coupable put éviter une arrestation et se réfugier à Londres, où il se posa en victime des vengeances d'Arago.

Condamné aux travaux forcés, après une enquête publique et un jugement régulier, le contumace se livrait, avec le concours de quelques membres de l'Académie, à une campagne de calomnies contre l'illustre astronome, qui avait eu le tort de ne pas trahir son mandat, qui n'avait point étendu sa protection sur un voleur public, et qui avait osé interrompre l'indulgence criminelle du procureur du gouvernement déchu.

Pendant cette période agitée, les travaux scientifiques n'eurent point l'ampleur et l'importance des années précédentes, mais Arago parvint cependant à soutenir l'intérêt des séances à l'aide de ses propres communications et des phénomènes astronomiques étudiés à l'Observatoire, où se trouvait alors M. Faye, son élève, qu'il avait fait entrer dans l'établissement depuis un grand nombre d'années. Il soutint avec énergie les débuts de M. Léon Foucault et de M. Fizeau, et obtint, pour le pendule démontrant le mouvement de la terre, la coupole du Panthéon.

C'est seulement après le coup d'État, alors que le monument fut restitué au culte catholique, que l'on supprima cette magnifique démonstration physique, laquelle fut donnée pour la première fois à l'Observatoire.

Dans le cours de l'année 1850, Arago introduisit les ballons à l'Observatoire, où eut lieu l'ascension en hauteur de MM. Barral et Bino, qui, grâce à l'usage du gaz hydrogène pur et des dimensions assez vastes de leur aérostat, dépassèrent le niveau atteint par Gay-Lussac, et firent des découvertes physiques fort intéressantes, malgré le peu de durée du temps qu'ils passèrent en l'air.

Comme les circonstances politiques ne permettaient point à Arago de demander des crédits pour faire exécuter des ascensions aérostatiques, et comme il bornait son ambition à ce que le ministère n'arrêtât pas l'exécution des instruments que l'on considérait alors comme colossaux, et à l'aide desquels il espérait avoir le bonheur d'inspecter la voûte céleste, il ne put faire autre chose que rédiger des instructions à l'usage des aéronautes. Mais l'illustre physicien développa tant de pénétration et de génie véritable dans cette pièce, qu'à l'heure qu'il est on peut encore la considérer comme étant l'évangile scientifique des voyageurs aériens. Que de progrès n'eussent point été réalisés, dans la connaissance de l'atmosphère si l'on ne s'était préoccupé de suivre exactement des avis aussi sages !

L'esprit aventureux d'Arago lui avait toujours inspiré la plus vive sympathie pour les expéditions lointaines. S'il n'avait été nommé membre de l'Institut à son retour d'Egypte, il partait pour la Chine et le Thibet avec son ami Humboldt. Un peu plus tard, nouveau Bompland, il allait gravir les pentes escarpées des Andes si les grandes découvertes qu'il avait faites et la nécessité de les perfectionner ne l'avaient enrôlé, malgré lui, dans les bataillons de la science sédentaire.

Mais de ses intentions de voyages, il garda une vive et puissante sympathie pour les explorateurs, qu'il soutint de toutes les manières possibles, de son autorité, de son influence et de ses conseils. Il rédigea à leur usage de nombreuses et remarquables instructions, s'efforçant non point de tracer un programme étroit dont ils fussent esclaves, mais de diriger leur attention sur les questions scientifiques qu'ils étaient appelés à résoudre ; il veilla à la construction des instruments qui leur étaient destinés, leur donna personnellement des conseils pratiques, et leur fournit les moyens d'acquérir l'instruction astronomique nécessaire pour exécuter les observations célestes indispensables à la détermination des coordonnées géographiques des divers lieux de la terre. Il mit tous ses soins à l'accomplissement des devoirs qui lui incombaient comme membre du Bureau des longitudes de France, il encouragea les mesures des arcs de méridien ou de parallèles nécessaires à la connaissance de la figure de la terre ou à compléter la mesure du méridien de Paris. Il prit la peine de résumer et de raconter lui-même un certain nombre d'expéditions célèbres, et de concentrer les résultats obtenus par les voyageurs qui les avaient entreprises d'une façon plus claire et plus précise que ces hardis pionniers n'avaient tenté de le faire eux-mêmes.

Le travail acharné auquel Arago se livra pendant la seconde République et les difficultés qu'il éprouva dans la construction des grands instruments pour lesquels il avait obtenu des crédits insuffisants, et qui devaient être placés sous la grande coupole qui couronne encore aujourd'hui l'Observatoire, la mise en service des lunettes méridiennes installées dans la salle qu'il a fait construire à l'orient de l'édifice occupèrent les tristes loisirs que lui fit la seconde République. Il vit successivement son frère Etienne et un grand nombre de ses amis frappés de proscription lors de la manifestation des Arts-et-Métiers; il eut la douleur de constater qu'un certain nombre de personnages politiques et scientifiques, infidèles à leur passé, se rapprochaient du soleil levant et s'apprêtaient à saluer, dans le Président de la République, un souverain de la France.

Enfin, le coup d'État qu'Arago avait trop bien deviné, éclata dans la nuit du 2 décembre 1851. Arago trouva l'Académie des sciences morne, découragée, et même diposée à se ranger du côté du parjure, qui avait annoncé que son Sénat se composerait des illustration du Pays, et dans son sein s'étaient réveillées ardentes les ambitions serviles si fréquentes pendant le premier Empire.

A peine si Arago put introduire dans les *Comptes rendus* une phrase marquant l'époque où avaient sombré les libertés publiques. Lorsqu'à une époque ultérieure on rédigea les Tables décennales, on essaya de dissimuler ce document, qui ne figura pas dans l'inventaire méthodique, rédigé quelques années après la mort d'Arago. Le nouveau Bureau de l'Institut espérait ruser avec l'histoire !

Mais un jour viendra où la publication des mémoires d'Arago montrera qu'il y a, même pour les morts, une justice sur la terre.

## CHAPITRE XI

Le refus de serment. — La maladie d'Arago. — Sa mort. — Ses funérailles.

L'homme qui avait juré de garder fidèlement la Constitution républicaine eut la machiavélique idée d'imposer le serment à tous les députés de son Corps législatif, à tous les membres de son Sénat et à tous les fonctionnaires de la France. Arago se trouva dans la même position qu'en 1804, lorsque le ministre Lacuée vint recueillir le serment des élèves de l'Ecole Polytechnique. Cette fois, il ne se borna pas à répondre présent, il se décida à faire comme son camarade Brissot, et refusa le serment par une lettre mémorable.

Le prince-président, tel était encore le titre que portait le futur empereur, ne pouvait oublier que l'astronome qu'il allait chasser de l'Observatoire ne pouvait être remplacé que d'une façon honteuse pour son successeur ; que Napoléon Ier avait tourné les yeux vers lui pour l'accompagner en Amérique, que lui-même, lorsqu'il était à Ham, avait éprouvé sa sympathie pour toutes les infortunes; qu'il avait donné une place honorable à l'exposé de ses travaux sur la pile dans les *Comptes rendus de l'Académie des sciences*. Il rendit un décret par lequel M. Arago, directeur de l'Observatoire, était dispensé du serment imposé aux autres fonctionnaires.

La postérité tiendra probablement compte à Napoléon III de cette mesure; mais, quelque honorable qu'elle fût pour Arago, elle ne pouvait dissiper les douleurs remplissant sa grande âme.

Les travaux continuels auxquels il s'était livré sur différentes branches de l'optique et notamment sur la constitution du soleil avaient affaibli sa vue comme nous l'avons indiqué plus haut. Le grand astronome se trouvait menacé d'une cécité semblable à celle dont avait été frappé son frère Jacques, mais il n'aurait pas eu pour supporter cette calamité le même fonds de bonne humeur et de philosophie inépuisables. Quoique doué lui-même d'une humeur gaie et égale, il n'envisageait pas l'approche de ces ténèbres éternelles sans une profonde terreur.

Peu de jours après la proclamation de l'Empire eut lieu la séance solennelle de l'Académie des sciences pour l'année 1852. Arago put encore lire l'éloge historique de Gay-Lussac, dans lequel il défendit énergiquement l'École Polytechnique, menacée d'être militarisée et désorganisée, conformément aux principes brutaux et despotiques qui étaient alors en honneur, et à l'aide desquels on essayait de ramener ce que l'on appelait l'ordre dans la sein de la société française. Cet éloge, que l'on peut comparer avec fruit à celui qui fut prononcé par Arago sur Fresnel, au moment où l'insurrection de 1830 grondait dans les rues de Paris, était une courageuse protestation contre les obscurantistes, qui voulaient consolider le nouveau trône « en allumant les feux et en éteignant les lumières ».

Mais cet effort fut le dernier auquel Arago put se livrer. Pendant quelques mois encore il put remplir les fonctions de secrétaire perpétuel avec sa ponctualité ordinaire, faisant constamment de consciencieux efforts pour donner, malgré la stérilité des communications, de l'intérêt aux séances.

C'est au commencement du mois d'août 1852 qu'il occupa pour la dernière fois le siège qui est en quelque sorte resté vide, quoiqu'il ait eu nombre de successeurs. A partir de cette époque il s'alita, et ne put exécuter le voyage à Estagel, sur lequel on comptait pour le rétablir.

La chambre qu'il occupait à l'Observatoire fait actuellement partie du local où les employés du Bureau des calculs exécutent leurs opérations. Il n'y avait d'autre meuble qu'un lit, quelques chaises et une infinité de volumes, de brochures.

N'y voyant plus assez clair pour distinguer les traits de ceux qui le visitaient dans ce dernier asile, Arago priait ceux qui venaient lui rendre hommage de se nommer, afin qu'il pût savoir à qui il avait affaire.

Biot, avec qui il était depuis si longtemps brouillé, voulut le voir et se rapprocha de son ancien adjoint de la Commission du Mètre. Comme tous les mourants, Arago aimait à revenir sur les souvenirs de sa jeunesse et de son enfance.

Il fut entouré de soins par M$^{me}$ Laugier, qui veilla sur lui avec un dévouement filial.

Mais l'heure avait sonné où, suivant

l'expression du président Saron, le grand astronome devait mettre sous ses pieds le soleil.

La catastrophe, qu'il n'était que trop facile de prévoir, arriva le 3 novembre 1853. Arago n'allait compléter sa 68e année que dans 116 jours.

L'Académie des sciences, qui se réunissait à 3 heures, fut prévenue immédiatement. Elle suspendit sur-le-champ ses séances en signe de deuil. Ses membres, dirent les *Comptes rendus*, cette fois fidèle miroir de la vérité, se dispersèrent en donnant des signes de leur douleur. Ceux même qui allaient voir couronner leur ambition partageaient, au moins en apparence, les sentiments de leurs confrères.

A cette époque, la presse républicaine avait été presque entièrement suspendue; seul le *Siècle* avait été épargné à condition de se renfermer dans un mutisme à peu près absolu. Il annonça la mort d'Arago en se bornant à convoquer la population aux funérailles.

Dans un article publié le matin même du jour où elles avaient lieu, M. Havin rappela les nobles paroles prononcées par Arago à la tribune de la Chambre des députés dans la séance du 16 mai 1840, où il défendit les pétitions demandant l'extension du droit de suffrage en allant plus loin encore, puisqu'il réclama le suffrage universel.

Voici quelles étaient ces paroles, qui furent la véritable oraison funèbre du tribun de l'Observatoire :

« Une de nos assemblées, disait Arago, qui a été nommée par la généralité du peuple, c'est la Convention nationale (Ah ! ah ! Murmures). J'avoue messieurs, que je ne comprends pas le sens de cette improbation. Sous le règne de la Convention, il s'est passé des choses déplorables ; mais d'un autre côté la Convention a sauvé le pays, notre territoire, notre nationalité ! Elle n'a pas laissé, *elle*, les armées ennemies arriver jusqu'à la capitale. Elle a poussé nos frontières jusqu'à leurs limites naturelles...

« Vous voyez bien, Messieurs, que l'on peut faire l'éloge de la Convention nationale.... Eh bien, la Convention nationale a été nommée par le suffrage universel.

« Je veux le progrès pacifique et peut-être lent, mais en tout cas continu... Ce progrès ne peut être obtenu que si le peuple entier est investi du droit de suffrage. En effet, s'il en est ainsi, le peuple verra bien que tout le possible aura été fait pour lui. »

En effet, du moment que le peuple est maître absolu de toutes choses, il est clair que ce qui persiste de misères et d'inégalités sociales ne tient pas à la volonté des hommes, mais à la nature inéluctable des choses.

Ce discours, où l'on voit se dégager une doctrine philosophique aussi vraie qu'originale, se terminait par ces mots remarquables :

« La Révolution de 1830 a été faite *par le peuple*... Fermons la bouche à ceux qui disent qu'elle n'a point été faite *pour le peuple*.»

Les membres du Gouvernement provisoire qui n'étaient pas en prison, comme Albert, en exil comme Louis Blanc et Ledru-Rollin, n'avaient pas cru qu'il fût de leur dignité de se mêler au cortège. Ils en étaient empêchés par la présence des voitures de la cour, dans lesquelles avaient pris place le maréchal Vaillant, grand-maréchal du palais; M. Ducos, ministre de la marine, et le comte Tacher de la Pagerie, aide de camp de l'empereur.

En signe de deuil, dans ce deuil, aucune des décorations du défunt, auxquels tous les souverains avaient prodigué leurs ordres de chevalerie, et qui était un des plus hauts dignitaires de la Légion d'honneur, ne figuraient sur le cercueil contenant ses restes.

MM. Emmanuel et Alfred Arago, fils du défunt; Jacques Arago, son frère aveugle; Mathieu et Laugier, de l'Institut, conduisaient le deuil. Etienne Arago était en exil à Bruxelles.

Les cordons du poêle étaient tenus par MM. Goudchaux, ancien ministre; l'amiral Baudin, du Bureau des longitudes; Roux, président de l'Académie des sciences; Vaucelle, ouvrier mécanicien, et Lebé-Gigiène, élève sergent de l'École Polytechnique.

Le temps ne fut point favorable aux obsèques du grand astronome, mais la pluie battante et continue qui tomba pendant toute la journée du 5 ne découragea point les amis, les admirateurs d'Arago, ceux qui voulaient accompagner à sa dernière demeure l'homme dont le nom avait, depuis trente ans, occupé à tant de titres divers l'attention bienveillante ou l'admiration du monde. Dans la foule immense qui se pressait derrière le cercueil, on distinguait les notabilités scientifiques, les restes du parti républicain, les téméraires qui, entrainés trop souvent par une ardeur indiscrète, avaient ébranlé la Constitution sortie de la Révolution de 1848, dont le seul défaut était peut-être de ne pas tenir assez compte des imperfections humaines, et de croire que les hommes sont déjà ce que le progrès saura, espérons-le, les rendre.

Le gouvernement avait massé des troupes, autant pour rendre hommage au défunt que pour être à même de réprimer un mouvement populaire. On ne laissait entrer que des personnes munies de cartes dans l'intérieur de l'église Saint-Jacques-du-Haut-Pas, sous prétexte d'empêcher l'encombrement; précaution inutile, l'église était presque vide. Presque tous ceux qui avaient le droit de pénétrer dans cette enceinte étaient restés dehors.

La véritable manifestation religieuse eut lieu devant la colonne de Juillet, où toutes les têtes se découvrirent, rendant hommage à Arago, en saluant la Liberté, qui, avec la Science, avait été son idole.

Des mesures analogues à celles qui avaient été prises à l'église Saint-Jacques se répétèrent au cimetière du Père-Lachaise, où très peu de personnes purent pénétrer.

Les discours furent prononcés par Flourens, secrétaire perpétuel de l'Académie des sciences :

Barral, l'amiral Baudin et Delestre, membre démissionnaire du conseil municipal de Paris, et longtemps collègue d'Arago dans cette assemblée où le savant astronome avait tant de fois donné des preuves de patriotisme, de lumières véritables et de courage civique.

Aucune allusion politique ne fut faite dans les maigres oraisons funèbres d'un savant dans la vie duquel la politique avait joué un si grand rôle et qui avait été un des fondateurs du Suffrage universel, sur lequel l'empereur prétendait avoir appuyé les titres inébranlables de la quatrième dynastie française. L'amiral Baudin ne fit même pas mention de l'abolition de l'esclavage et des peines corporelles dans la marine. Le *Siècle* eut, le lendemain, le courage de protester, en rappelant que ces deux décrets étaient ceux auxquels Arago tenait le plus à honneur d'avoir apposé son nom.

M. Delestre fut moins timide, et, sans sortir de ses attributions municipales, il raconta sur Arago une anecdote qui fait honneur à son esprit, à son courage et à son cœur.

Lorsque le comte de Paris vint au monde, les courtisans trouvèrent que la ville de Paris devait mettre dans son berceau une épée, comme le vieux grand-père y avait placé un grand cordon de la Légion d'honneur.

Arago s'opposa à cette libéralité ridicule ; il obtint que la destination de la somme fût changée, et qu'elle fût versée, au nom du Prince, entre les mains de la commission du monument de la fontaine Molière.

FIN

# TABLE DES MATIÈRES

---

GRANDE IMPRIMERIE, 19, rue du Croissant, Paris
J. Cusset, imprimeur

www.ingramcontent.com/pod-product-compliance
Ingram Content Group UK Ltd.
Pitfield, Milton Keynes, MK11 3LW, UK
UKHW021823190726
13853UKWH00003B/1155

9 782329 555355